Club @dos 4

Méthode de français pour adolescents

Cahier d'exercices + CD

EDITIONS

maison des langues

www.emdl.fr/fle

Méthode de français pour adolescents

Conseils pédagogiques et adaptation
Lauréda Kharbache

Révision pédagogique
Katia Coppola

Coordination éditoriale
Estelle Foullon

Illustrations
Isaac Bosch, Jaume Bosch, Jesús Escudero Cuadrado,
Elisa R. Mira, Zoográfico

Reportage photographique
Oscar García Ortega

Conception graphique et mise en page
Xavier Carrascosa

Correction
Laëtitia Riou

Enregistrements
Blind Records

© 2012 Santillana Educación, S. L.

© 2015 de cette édition, Difusión, Centre de Recherche et de Publications de Langues, S.L. par licence de Santillana Educación, S.L.

ISBN : 978-84-16273-08-9

Réimpression : février 2016

Imprimé dans l'UE

DANGER
LE PHOTOCOPILLAGE TUE LE LIVRE

ÉDITIONS
maison des langues
www.emdl.fr

Sommaire

Le Club des ados !

Emma
LE CLUB DU LYCÉE

Sohan
LE CLUB DE LA TECHNOLOGIE

Faustine
LE CLUB DE LA BIODIVERSITÉ

Manon
LE CLUB DES PROFESSIONNELS

Charlie
LE CLUB DES LOISIRS

Robin
DES CHOSES À DIRE !

Le Club du lycée

Premier jour au lycée

1 | **Écoute le dialogue entre Emma et Gabriel.**
Piste 1

a) Fais la liste des nouveautés du lycée par rapport au collège.

> Il y a de nouvelles matières.

>

>

b) Réécoute Emma et Gabriel parler des nouvelles matières et des professeurs. Voici la transcription mais avec six erreurs. Souligne et corrige.
Piste 1

Emma : Comment ça s'est passé pour toi <u>en seconde</u> ? Les nouvelles matières sont vraiment difficiles ?

Gabriel : Les profs sont moins exigeants qu'au collège, mais si tu travailles irrégulièrement, ça n'ira pas. Je t'ordonne de prendre des notes en cours et de faire ensuite tes devoirs chez toi. Et si tu as besoin d'aide, va les voir, ils sont là pour ça.

CORRECTIONS

....
....
....
....
....
....

2 | **Lis l'article sur le lycée à la page 21 et associe chaque conseil au paragraphe correspondant.**

a) Poser des questions, participer. •

b) S'inscrire sur les forums pour lycéens. •

c) Ne pas regarder la télé tard le soir. •

d) Se dépenser et voir des gens. •

e) Prendre de bonnes habitudes de travail. •

f) Prendre un bon petit déjeuner. •

g) Dormir au moins huit heures par nuit. •

h) Fréquenter le foyer des élèves. •

i) S'installer au premier rang. •

j) Travailler régulièrement. •

① **DORMIR**

② **LE PETIT DÉJ'**

③ **LES DEVOIRS**

④ **LES COURS**

⑤ **LES ACTIVITÉS EXTRASCOLAIRES**

⑥ **COOPÉRER**

3 Complète la grille avec des adjectifs au masculin de la page 20 de ton livre et mets les accents si nécessaire. Ensuite, recopie ces adjectifs au féminin.

a) *impatiente*
b)
c)
d)
e)
f)
g)
h)
i)

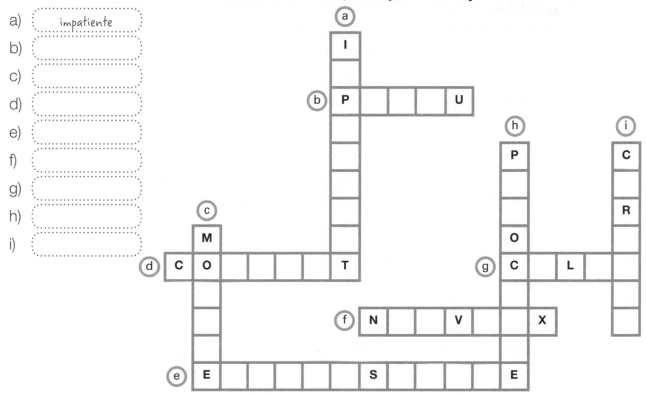

4 Lis le texte et réponds aux questions.

Atelier Court Métrage

tous les mercredis de 15 h à 17 h.

Vous aimeriez être Steven Spielberg ou encore Steven Soderbergh ? Inscrivez-vous à l'atelier Court Métrage ! À la fin de l'année, vous présenterez votre court métrage au Festival Court Métrage lycéen.

Tout au long de l'année, vous réaliserez le synopsis du film ainsi que le montage final. Vous vous sensibiliserez aux différentes étapes : écriture, découpage, story-board, ainsi qu'à la manipulation du matériel technique : caméra,

prise de son, logiciel de montage.

Cet atelier est organisé par Mathias, notre surveillant, étudiant en cinéma.

Inscriptions: salle de réunion du foyer tous les jours de 9 h à 17 h.

a) Que propose cet atelier ? Qui organise cet atelier ?

b) Quels sont les objectifs de cet atelier ?

c) Que vont faire les élèves avec leur court métrage ?

d) Est-ce que tu as déjà réalisé un film ? Est-ce que cela t'intéresse ?

1 | Écris la lettre de l'adjectif qui correspond aux définitions.

a **attentif/attentive**

b **faible en**

c **paresseux/paresseuse**

d **doué(e) en**

e **travailleur/travailleuse**

f **distrait(e)**

g **appliqué(e)**

1) Personne qui aime travailler. ☐

2) Personne qui a des dons, des facilités dans une ou plusieurs matières. ☐

3) Personne qui ne se concentre pas sur ce qu'elle fait. ☐

4) Personne qui écoute, lit, observe avec concentration. ☐

5) Personne qui a des difficultés dans une ou plusieurs matières. ☐

6) Personne qui travaille avec sérieux. ☐

7) Personne qui n'aime pas l'effort, le travail. ☐

2 | Lis le texte et réponds aux questions.

a) Pourquoi le narrateur adore le nouveau pion ?

b) La salle de permanence, c'est quoi ?
(plusieurs réponses sont possibles)
☐ Une salle pour les élèves qui se font « coller».
☐ Une salle pour faire les contrôles.
☐ Une salle pour étudier.

c) En général, que font les pions ?

d) Pourquoi le nouveau pion est très sérieux aujourd'hui ? Il est comme ça habituellement ?

> Le nouveau pion, il est génial ! Maintenant, on aime bien avoir un trou entre deux cours parce qu'on peut aller en permanence.
>
> La permanence, c'est une salle surveillée par un pion où on va travailler quand on n'a pas cours. Les professeurs y envoient également les élèves trop bavards ou ceux qui arrivent en retard. Souvent, les pions n'aiment pas que l'on bavarde trop.
>
> Mais le nouveau, il est très sympa ! Il étudie la biologie, il nous raconte des histoires scientifiques, et comme il est passionnant, tout le monde l'écoute !
>
> Aujourd'hui au contraire, il est très silencieux... On bavardait un peu, et soudain, il nous a dit : « Taisez-vous ! J'ai vraiment besoin d'étudier, car demain j'ai un examen ! » Je ne l'ai jamais vu dans cet état !

3 | Relie et complète les phrases avec l'adverbe de sens contraire.

a) Paul arrive toujours en retard ;

b) Je vais rarement à la bibliothèque.

c) Ma mère regarde beaucoup la télé,

d) Il fait beau, allez jouer dehors !

e) On goûte et on fait les devoirs après ?

• 1) mais mon père ne la regarde ....

• 2) Non, on les fait ....

• 3) Et toi, tu y vas .... ?

• 4) sa sœur, elle, n'arrive ⁞ jamais ⁞ en retard.

• 5) Non, on préfère rester ....

4 | Lis le texte sur le rôle du délégué de classe et complète les adverbes.

Le délégué constitue un lien t͟r͟è͟s͟ : important entre ses camarades de classe, les professeurs et l'équipe de direction du lycée. T................ attentif aux autres, disponible, responsable et j............ démotivé, il doit savoir b.......... écouter, s'exprimer f... ci................ et participer act...v................ à la bonne ambiance de la classe. C'est le représentant des élèves au conseil de classe :

• A............. le conseil : il organise une réunion avec la classe. Il parle avec ses camarades de l'ambiance de la classe et de l'organisation du travail.

• Pendant le conseil : il expose les problèmes de la classe (par exemple, si un professeur explique t..........v........... en cours, ou si un élève arrive s................... en retard parce qu'il habite l.........…), il écoute a................................. les commentaires des professeurs et prend des notes pour les expliquer à ses camarades.

• A..........s : il fait un compte-rendu du conseil à ses camarades.

LES BONS CONSEILS

N'oublie pas : les adverbes sont des mots invariables.
Cela signifie qu'ils s'écrivent toujours de la même façon.

Phonétique

5 | Écoute et relie chaque phrase à son intonation.
Piste 2

a) Je n'ai rien révisé pour l'interro d'anglais. •   • 1) fatigue
b) Dans cinq minutes, c'est la récré.   •   • 2) curiosité
c) Il est trop long cet exercice !   •   • 3) joie
d) Quoi ? J'ai eu 4 en histoire !   •   • 4) inquiétude
e) Euh… Tu as eu combien en maths ?   •   • 5) colère

6 | Répète chaque phrase selon l'intonation indiquée. Écoute et vérifie.
Piste 3

a) paresse   b) fatigue   c) colère   d) surprise   e) inquiétude

1 a) Écris six actions que font les professeurs et les élèves.

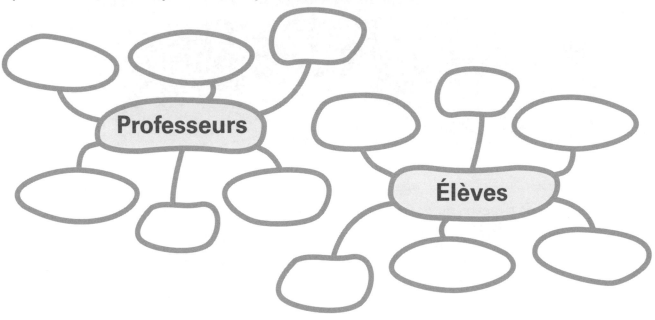

b) Compare avec ton camarade. Vous avez les mêmes actions ?

2 Écoute la conversation entre deux professeurs en début d'année scolaire, et réponds aux questions.

Piste 4

a) Reconstitue deux phrases avec ces groupes de mots.

> et lui donne des conseils.   Sa collègue a beaucoup d'expérience :
>
> Un des professeurs a des problèmes en classe :   il veut bien faire
>
> elle l'écoute   mais il affronte une situation nouvelle.

b) Classe la liste ci-dessous en deux catégories : les difficultés du professeur et de ses élèves et les solutions.

1) Être peu attentifs.
2) Être exigeant.
3) Être indulgent et patient.
4) Donner des techniques.
5) Ne pas être très énergique.
6) Faire le cours trop rapidement.
7) Bavarder avec les camarades.
8) Parler avec les élèves.
9) Faire taire les élèves bavards.
10) Poser des questions.

Difficultés professeur/élèves :

Solutions :

3 | **Associe les phrases.**

a) Pour connaître la géographie,   •   • 1) il faut un billet.

b) Pour visiter Paris,   •   • 2) il faut travailler régulièrement.

c) Pour te sentir bien au lycée,   •   • 3) il faut un bon atlas.

d) Pour bien préparer un examen,   •   • 4) il faut participer aux activités du foyer.

e) Pour voyager en avion ou
  en train,   •   • 5) il faut un bon guide touristique.

f) Pour faire de la randonnée,   •   • 6) il faut de bonnes chaussures de marche.

4 | **Lis chaque phrase puis écoute et retrouve le début.
Écris les numéros dans les cases.**

Piste 5

a □ il faut s'inscrire à un club.

b □ il faut avoir un passeport.

c □ il faut être attentif.

d □ il faut tourner à gauche.

e □ il faut faire du sport.

f □ il faut apprendre le solfège.

g □ il faut avoir 18 ans.

h □ il faut demander le mot de passe.

5 | **De quoi ont-ils besoin ? Utilise l'expression** *avoir besoin de* **et termine les phrases, comme dans l'exemple.**

`ton aide`   `m'entraîner`   `emprunter un livre`   `faire des recherches sur Internet`   `nous reposer`

`mes conseils`   `cours particuliers`   `travailler plus`   `se distraire`   `se concentrer`

a) Je suis nulle en maths,   *j'ai besoin de cours particuliers.*

b) Nous sommes fatigués,

c) Il ne sait pas faire l'exercice,

d) Mon amie Agathe a un problème,

e) Ils vont au CDI,

f) Pour courir les 10 km, j'ai

g) Cécile s'ennuie,

h) Pour avoir de bonnes notes, tu

i) Pour faire ton exposé, elle

j) Elle est en examen, elle

Leçon 3 | DEMANDER POLIMENT, CONSEILLER

1 Écoute ces questions, puis reformule la demande.

Piste 6

a) Tu veux bien m'aider à terminer l'exercice ? → *Tu pourrais m'aider à terminer l'exercice ?*

b)

c)

d)

e)

f)

2 Observe les photos et lis les bulles. Donne un conseil à chaque personne de deux manières différentes (*Tu devrais… / Vous devriez*, *À ta/votre place, je…*).

prendre rendez-vous chez le dentiste   s'inscrire au foyer des élèves

aller se promener   prendre quelque chose   étudier pendant le week-end

a) J'ai mal à la tête !

b) J'ai mal aux dents !

c) Je suis nouveau au lycée, je ne connais personne.

d) Nous avons un contrôle la semaine prochaine.

e) On s'ennuie !

a) 1) *Tu devrais prendre quelque chose.*

   2)

b) 1) *À ta place, je prendrais rendez-vous chez le dentiste.*

   2)

c) 1)

   2)

d) 1)

   2)

e) 1)

   2)

◀)) 3 Lis le texte. Place les expressions qui expriment
Piste 7 la cause. Ensuite, écoute et vérifie.

> comme   à cause du   car   grâce au

Espace de liberté, de réunion et d'expression, le foyer des élèves est ouvert tous les jours de 8 h à 17 h. Il est animé par un comité composé d'adultes (professeurs et animateurs) et d'élèves. C'est un lieu de vie convivial, [car] il permet la pratique d'activités sportives et culturelles. Il fonctionne [   ] bénévolat des élèves.

- Les installations : un piano, des ordinateurs, une télé, une table de ping-pong, un baby-foot et un coin cafétéria. [   ] il est ouvert entre midi et deux, les élèves qui ne rentrent pas chez eux peuvent y déjeuner.

- Les sorties se font en collaboration avec les professeurs en fonction des matières et des programmes : visites de musées, sorties théâtre, visites en entreprise ou sorties dans la nature pour observer la faune et la flore (bien sûr, les sorties « nature » peuvent être annulées [   ] mauvais temps).

4 **a) Relie les deux parties de chaque phrase.**

1) Je vais au CDI • • a) car le prof d'hist-géo m'a collé.

2) Elle va s'inscrire au foyer • • b) parce qu'il est très sociable.

3) Je ne peux pas sortir avant 18 heures • • c) car je n'ai pas cours.

4) Paul veut être délégué • • d) car nous bavardions trop.

5) Le prof nous a punis • • e) parce que les activités sont sympas.

b) Transforme les phrases, comme dans l'exemple.

1) [Comme je n'ai pas cours, je vais au CDI.]

2) [   ]

3) [   ]

4) [   ]

5) [   ]

6) [   ]

5 **Complète les phrases avec** *grâce à (la) / au(x)* **ou** *à cause de la / du*.

a) Je ne m'ennuie jamais [grâce aux] activités du foyer.

b) Nous n'avons pas pu faire l'excursion [   ] mauvais temps.

c) Ils sont arrivés en retard [   ] circulation.

d) Nous ne nous sommes pas perdus en forêt [   ] carte.

e) Lisa a fait de grands progrès en français [   ] son séjour linguistique.

1 Relis les cinq articles de la Déclaration des droits de l'homme et du citoyen et réponds aux questions.

a) Pour toi que signifie l'expression : « Les distinctions sociales ».

b) Entoure les synonymes du mot « imprescriptible ».

éternel   **immortel**   **oubliable**   **effaçable**   **indestructible**

c) Est-ce que les droits de l'individu définis dans l'article II sont les mêmes dans ton pays ?

d) Cherche sur Internet un autre article de la Déclaration des droits de l'homme et du citoyen et explique-le à la classe.

2 Lis l'article et réponds aux questions.

Le programme Jeunes Ambassadeurs de l'UNICEF

La Convention internationale des droits de l'enfant reconnaît aux enfants et aux jeunes le droit de participer de manière active pour changer les sociétés. Depuis huit ans, l'UNICEF met en pratique ce droit avec son programme des Jeunes Ambassadeurs. Son objectif est de mobiliser les jeunes de 16 ans à 18 ans dans des projets de citoyenneté et de

solidarité internationale. Aidés par des adultes, ils s'engagent dans des actions de sensibilisation, de prévention et de

mobilisation pour les droits de l'enfant, en France et dans le monde. Au total, ce sont 4 000 lycéens français qui se sont impliqués dans ces projets : par exemple le projet « La Voix des Jeunes – Connecte ». Grâce aux nouvelles technologies, les Jeunes Ambassadeurs peuvent travailler avec des jeunes du monde entier sur des problèmes communs comme la pollution, la santé, l'éducation.

a) Quel est l'objectif du programme des Jeunes Ambassadeurs ?

b) Que font les jeunes inscrits au programme ?

c) Est-ce que les Jeunes Ambassadeurs travaillent seulement sur des projets français ?

Vocabulaire

LE LYCÉE : LES PERSONNES

1 Quelle est la fonction de ces personnes ?

a) Le professeur : ....

b) Le délégué de classe : ....

c) Les surveillants : ....

d) Le proviseur : ....

e) Il y a un professeur principal : ....

LE LYCÉE : LES ACTIONS

2 Relie les deux parties de chaque expression (plusieurs réponses possibles).

a) prendre   •   • 1) les cours

b) lever   •   • 2) au tableau

c) faire   •   • 3) attentivement

d) passer   •   • 4) des notes

e) apprendre   •   • 5) par cœur

f) préparer   •   • 6) des fiches

g) manquer   •   • 7) le doigt

h) écouter   •   • 8) un exposé

Grammaire

LES ADVERBES

3 Écris trois adverbes.

a) de temps

b) de lieu

c) de manière

EXPRIMER LA NÉCESSITÉ

4 Écris un petit texte pour chaque proposition.

a) Pour traduire un texte, il faut ....

b) Pour préparer un exposé, il faut ....

c) Avant de parler en classe, il faut ....

d) Pour apprendre les leçons par cœur, il faut ....

Le coin des exos

EXPRIMER LA NÉCESSITÉ

5 | **Complète avec l'expression** *avoir besoin de/d'*.

a) Pour acheter son livre, elle .... argent.

b) Tu es fatigué, tu .... te reposer.

c) Je vais au CDI, car j' .... emprunter un roman pour le cours de français.

d) Lucas et Lise ne savent pas faire le devoir de géo, ils .... aide.

e) Pour faire de l'escalade, vous .... matériel.

LE CONDITIONNEL

6 | **Conjugue les verbes au conditionnel.**

a) Cette année, je (être) .... délégué de classe.

b) Elles (devoir) .... participer plus en cours.

c) Ils (vouloir) .... organiser des activités pour le foyer des lycéens.

d) Nous (prendre) .... le bus pour aller au lycée tous les jours.

LA CAUSE

7 | **Complète avec** *parce que*, *à cause de/du*, *grâce a/au*, *comme*.

a) Il n'a pas de bonnes notes .... son manque de travail.

b) .... je n'ai pas de devoirs aujourd'hui, je sors avec mes amis.

c) Je vais à l'atelier théâtre .... le prof est passionnant.

d) Je fais beaucoup de sport .... activités du foyer.

8 | **Prononce cette phrase en changeant l'intonation.**
Ton camarade doit deviner quel sentiment tu exprimes.

la colère   la curiosité   la fatigue   l'inquiétude   la joie

LE PROFESSEUR EST ENCORE ABSENT

Unité 1

Comprendre : écouter

○○ Je peux comprendre quelqu'un qui demande quelque chose poliment et qui donne un conseil à l'aide du conditionnel.

○○ Je peux comprendre quelqu'un qui exprime la cause à l'aide de *comme, parce que, car, à cause de* et *grâce à*.

○○ Je peux comprendre quelqu'un qui exprime la nécessité à l'aide de *il faut* et *avoir besoin de*.

○○ Je peux comprendre quelqu'un qui donne des précisions à l'aide d'adverbes de lieu, de temps, de manière et de quantité.

○○ Je peux reconnaître les émotions exprimées par des phrases exclamatives et interrogatives.

Comprendre : lire

○○ Je peux lire et comprendre une conversation entre deux lycéens.

○○ Je peux lire et comprendre un article donnant des conseils pour réussir au lycée.

○○ Je peux lire et comprendre un article de magazine sur le lycée en France.

○○ Je peux lire et comprendre le témoignage écrit d'un élève.

Parler : prendre part à une conversation

○○ Je peux demander poliment et conseiller. *(– Vous pourriez me donner des conseils pour faire l'exposé ? – Tu devrais aller à la médiathèque.)*

○○ Je peux exprimer la cause. *(Je suis bénévole au foyer parce que j'adore organiser des activités !)*

○○ Je peux exprimer la nécessité. *(Il faut de l'application pour réussir au lycée. J'ai besoin de silence, s'il vous plaît !)*

○○ Je peux donner des précisions. *(Elle nous représente bien et elle défend toujours les élèves en difficulté.)*

Parler : s'exprimer en continu

○○ Je peux parler de mes impressions en début d'année scolaire.

○○ Je peux parler des activités sportives et culturelles organisées dans mon établissement scolaire.

○○ Je peux parler de la manière d'obtenir de bons résultats scolaires.

○○ Je peux parler des études qui m'intéressent.

○○ Je peux parler d'une situation problématique au lycée.

Écrire

○○ Je peux rédiger un petit texte sur mon attitude en classe.

○○ Je peux rédiger un programme d'activités pour le foyer.

Compétences culturelles

○○ Je découvre le monde du lycée en France.

○○ Je découvre la notion de citoyenneté.

○○ Je peux comprendre la différence entre droit et devoir.

○○ Je peux comprendre les objectifs d'une action citoyenne.

Aide-mémoire

Communication

DONNER DES PRÉCISIONS

– Elle est comment votre déléguée de classe ?
– Elle nous représente **bien** et elle défend **toujours** les élèves en difficulté.

EXPRIMER LA NÉCESSITÉ

– Les études littéraires, c'est passionnant, mais **il faut** aimer la philosophie !
– Je prépare un examen. **J'ai besoin de** silence, s'il vous plaît !

DEMANDER POLIMENT, CONSEILLER

– **Vous pourriez** me donner des conseils pour faire l'exposé de géographie ?
– Bien sûr ! **Tu devrais** aller à la médiathèque. Et **tu pourrais** aussi préparer l'exposé avec un autre élève !

EXPRIMER LA CAUSE

– Je suis bénévole au foyer **parce que** j'adore organiser des activités ! Et **comme** je ne rentre pas chez moi à midi, j'ai le temps !

Grammaire

LES ADVERBES

Les adverbes précisent le sens d'un **verbe**, d'un **adjectif** ou d'un autre **adverbe**.
- Il parle **lentement**.
- Le livre est **très** intéressant.
- Il chante **assez** bien.
- **Lieu :** ici, là, là-bas ; loin, près ; dedans, dehors.
- **Temps :** toujours, souvent, parfois, jamais ; hier, maintenant, aujourd'hui, demain ; tôt, tard ; avant, après ; bientôt ; longtemps.
- **Manière :** adverbes en -*ment* ; bien, mal ; vite.
- **Quantité :** peu, très, beaucoup ; trop, assez ; plus, moins.

EXPRIMER LA NÉCESSITÉ

- **Il faut** + nom / infinitif
  (nécessité générale)
  Il faut de l'application pour réussir.
  Il faut travailler régulièrement.
    Attention : *il faut* + infinitif exprime aussi l'obligation.
    Il ne faut pas exprime surtout l'interdiction.
    Il faut changer d'attitude !
    Il ne faut pas bavarder !
- **Avoir besoin de** + nom / infinitif (nécessité personnalisée)
  J'ai besoin de silence pour étudier.
  Tu as besoin de dormir.

LE CONDITIONNEL (RAPPEL)

- **Verbes en -*er* / -*ir* :** je chanter**ais**, tu regarder**ais**, il parler**ait**, nous sortir**ions**, vous finir**iez**, ils dormir**aient**
- **Verbes irréguliers :** être → je serais, aller → j'irais, avoir → j'aurais, devoir → je devrais

DEMANDER POLIMENT

Tu pourrais / Vous pourriez me répondre, s'il te plaît / s'il vous plaît ?

Tu veux bien / Vous voulez bien m'indiquer le foyer des élèves ?

DONNER UN CONSEIL

- **Tu devrais / Vous devriez** + infinitif
  Tu devrais faire des fiches.
- **À ta / votre place, je...** + conditionnel
  À ta place, je consulterais un atlas.

EXPRIMER LA CAUSE

- **Parce que, car** + verbe
  Il rentre **parce qu' / car** il est tard.
- **Comme** + verbe
  Comme il fait beau, on va sortir.
- **Grâce à** + nom / pronom tonique **(cause positive)**
  Grâce au foyer, j'ai plein d'amis !
- **À cause de** + nom / pronom tonique (cause négative)
  Ils ne sont pas partis **à cause de** moi.

Phonétique

- **L'intonation et l'expressivité**

- Les intonations exclamatives et interrogatives.
- L'expression des émotions (joie, surprise, impatience, inquiétude, colère, fatigue, tristesse...).

2 Le Club de la technologie

En classe d'informatique

Piste 8 **1** **Écoute Sohan et ses copains. Ensuite, complète les fonctionnalités des tablettes tactiles.**

a) Lire des ……… livres ……….

b) Regarder des …………….

c) Écouter de la …………….

d) Naviguer sur …………….

e) Prendre des …………….

f) Se connecter à …………….

2 **Exerce ta mémoire ! Complète puis relis la conversation et vérifie.**

a) Sohan trouve qu'on peut ……… tout ……… faire avec les tablettes tactiles.

b) Quentin pense qu'elles sont là pour pousser à la …………….

c) Emma trouve que Quentin …………….… un peu.

d) Sohan trouve que le …………….… est une application géniale.

Piste 9 **3** **Écoute Quentin et écris ses arguments contre la tablette.**

………………………………………………………………………………

………………………………………………………………………………

………………………………………………………………………………

4 **Lis le document à la page 39. Coche Vrai ou Faux. Justifie ta réponse quand c'est faux.**

a) La tablette fonctionne en autonomie pendant huit heures.

☐ Vrai ☐ Faux

……………………………………………………………………

b) Il y a une fonction pour enregistrer les appels.

☐ Vrai ☐ Faux

……………………………………………………………………

c) Elle permet d'enregistrer les cours.

☐ Vrai ☐ Faux

……………………………………………………………………

d) Le carnet de notes numérique permet d'écrire des textes.

☐ Vrai ☐ Faux

……………………………………………………………………

LES BONS CONSEILS
Enrichis ton vocabulaire !

5 Voici dix mots extraits de la présentation de la tablette multimédia. Écris tous les mots de la même famille que tu connais (noms, verbes, adjectifs, adverbes…) Ensuite, cherche dans un dictionnaire pour compléter ta liste.

a) poids : _peser_

b) connexion :

c) étudiant :

d) préparer :

e) travailler : _travailleur_

f) cours :

g) enregistrer :

h) mondial :

i) humain :

j) chanson :

6 Écris un texte sur ton utilisation des nouvelles technologies. Pour t'aider, lis les questions suivantes.

Tu as une tablette, un ordinateur, un téléphone portable ? Tu utilises l'ordinateur ou la tablette pour ton travail de classe ou seulement lors de ton temps libre ? Tu utilises beaucoup d'applications sur ton téléphone ? Combien de temps passes-tu par jour sur l'ordinateur ?

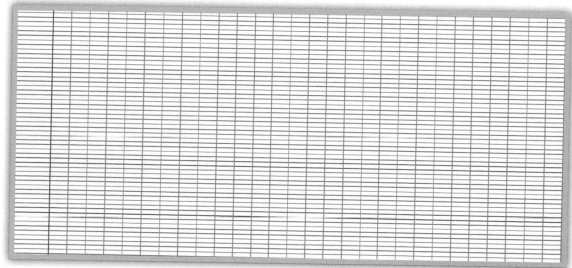

Leçon 1 | DISTINGUER DES PERSONNES OU DES OBJETS

1 Lis les définitions et complète les mots croisés.

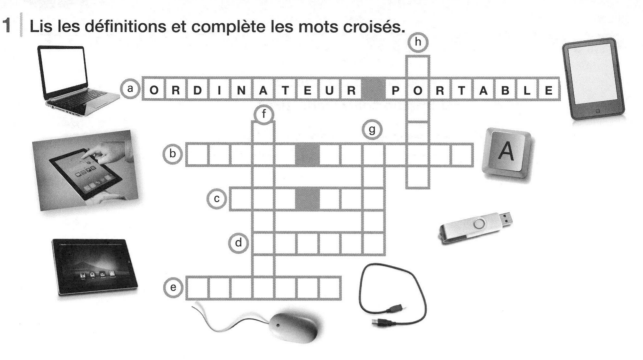

a) O R D I N A T E U R   P O R T A B L E

a) Ce type d'ordinateur est léger et facile à transporter.

b) Ce type d'écran permet de naviguer sans souris et sans clavier.

c) Petite et très pratique, elle permet de stocker des fichiers. On la branche sur une prise USB.

d) Un clavier d'ordinateur en a plus de 100.

e) Elle peut contenir plus de 1 000 livres sous forme de fichiers.

f) Elle permet de lire des livres, de voir des vidéos, de se connecter à Internet…

g) Il sert à connecter physiquement deux appareils, un ordinateur et une imprimante par exemple.

h) Son nom d'animal vient de sa forme et de son long fil.

2 Relie chaque verbe avec tous les compléments possibles pour retrouver des expressions du monde de l'informatique.

a) imprimer •   • 1) une application
b) taper •   • 2) Internet
c) retoucher •   • 3) un lien
d) se connecter à •   • 4) une photo
e) cliquer sur •   • 5) de la musique
f) insérer •   • 6) un texte
g) télécharger •   • 7) une icône

3 **a) Associe les phrases aux photos, puis complète-les avec un pronom interrogatif.**

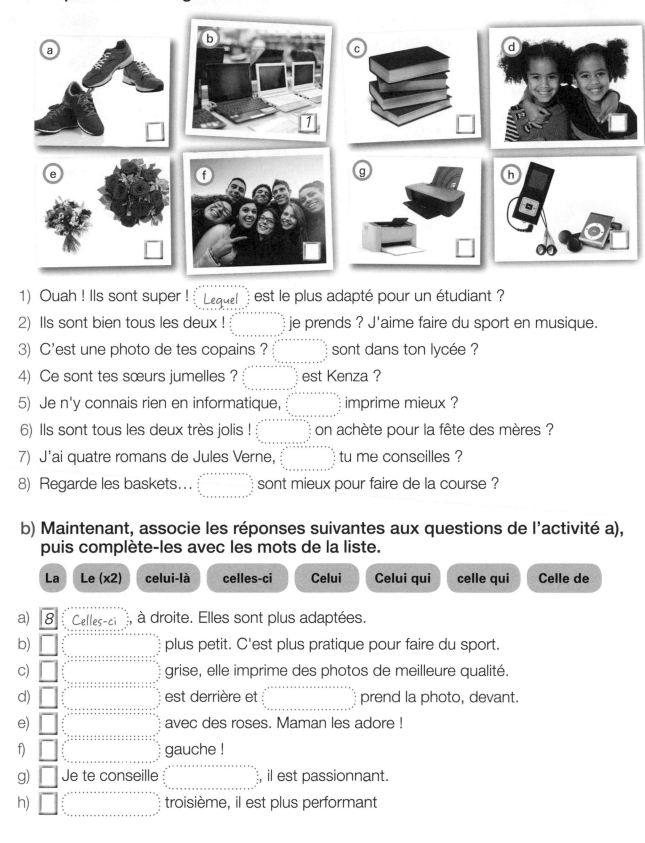

1) Ouah ! Ils sont super ! ⟨ Lequel ⟩ est le plus adapté pour un étudiant ?

2) Ils sont bien tous les deux ! ⟨........⟩ je prends ? J'aime faire du sport en musique.

3) C'est une photo de tes copains ? ⟨........⟩ sont dans ton lycée ?

4) Ce sont tes sœurs jumelles ? ⟨........⟩ est Kenza ?

5) Je n'y connais rien en informatique, ⟨........⟩ imprime mieux ?

6) Ils sont tous les deux très jolis ! ⟨........⟩ on achète pour la fête des mères ?

7) J'ai quatre romans de Jules Verne, ⟨........⟩ tu me conseilles ?

8) Regarde les baskets… ⟨........⟩ sont mieux pour faire de la course ?

b) Maintenant, associe les réponses suivantes aux questions de l'activité a), puis complète-les avec les mots de la liste.

| La | Le (x2) | celui-là | celles-ci | Celui | Celui qui | celle qui | Celle de |

a) [8] ⟨ Celles-ci ⟩, à droite. Elles sont plus adaptées.

b) ☐ ⟨........⟩ plus petit. C'est plus pratique pour faire du sport.

c) ☐ ⟨........⟩ grise, elle imprime des photos de meilleure qualité.

d) ☐ ⟨........⟩ est derrière et ⟨........⟩ prend la photo, devant.

e) ☐ ⟨........⟩ avec des roses. Maman les adore !

f) ☐ ⟨........⟩ gauche !

g) ☐ Je te conseille ⟨........⟩, il est passionnant.

h) ☐ ⟨........⟩ troisième, il est plus performant

Leçon 2 | EXPRIMER DES SENTIMENTS, DES ÉMOTIONS

1 a) Les recherches de Salomé. Complète le dialogue.

Salomé ▶ Maman, ça fait une heure que je navigue sur la ⟨ Toile ⟩ pour mon exposé de géo, et je ne trouve rien !

Sa mère ▶ Mais… qu'est-ce que tu cherches exactement ?

Salomé ▶ Des infos sur l'agriculture en France.

Sa mère ▶ Tu as utilisé un ⟨.........⟩ de recherche ?

Salomé ▶ Ben oui, évidemment… Mais il y a tellement de sites, je ne sais pas où trouver des informations sûres…

Sa mère ▶ J'ai vu hier un ⟨.........⟩ très bien fait sur l'agriculture, un site pédagogique justement… Attends, je vais chercher l'⟨.........⟩ web dans l'historique…
Voilà, c'est ça. Ouh la la… C'est quoi toutes ces pages Facebook dans l'historique ? C'est comme ça que tu travailles ?

Salomé ▶ Euh…

Sa mère ▶ Si ça continue, tu vas devoir fermer ton ⟨.........⟩, Salomé… Avant tu passais ton temps à ⟨.........⟩ en ligne, et maintenant ce ne sont plus les jeux, ce sont les ⟨.........⟩ sociaux… Et tes devoirs, Salomé ?

🔊 **b) Écoute et vérifie.**
Piste 10

Phonétique

🔊 **2** Écoute et lis le texte, puis complète avec les signes de ponctuation. Piste 11 Pour t'aider, écoute bien les intonations.

Les adolescents et leur portable

Une étude a été faite auprès de 1 000 adolescents ... âgés de 12 à 17 ans ... pour répondre aux questions suivantes ...

• Comment est le portable des adolescents ...

• Que font les adolescents avec leur portable ...

Selon cette étude ... la majorité des adolescents possède un portable équipé d'appareil photo ... de caméra ... de radio ... de dictaphone et de jeux vidéo ...

Que font-ils avec leur portable ... Ils envoient des SMS ... prennent des photos ... écoutent de la musique ... jouent à des jeux vidéo ... consultent leur réseau social ... Avec les nouveaux smartphones connectés à Internet ... la liste est infinie ... de ce fait ... les portables deviennent indispensables à leur quotidien ... ... Vivre sans mon portable ... c'est mission impossible ... ... conclut Julie ... une adolescente de 16 ans ...

3 Écoute et imagine une phrase exclamative pour conclure chaque phrase.
Pour t'aider :

Piste 12

déception   stress   horreur   injustice   dynamisme   joie

a) Quel dynamisme !   d)

b)   e)

c)   f)

4 Relie les phrases.

a) Demain on n'a pas cours
l'après-midi !   •

b) Aujourd'hui, il fait super beau !   •   • 1) Quel mauvais temps !

c) Mon petit frère a six mois,   • 2) Quel gentil bébé !
il ne pleure jamais !   •   • 3) Quelle excellente nouvelle !

d) Regarde ! Je les ai eues pour   • 4) Oui ! Quelle bonne idée !
mon anniversaire !   •   • 5) Quelles jolies boucles d'oreilles !

e) On va au cinéma ?   •   • 6) C'est vrai, quelle agréable journée !

f) Oh non ! Il pleut et il fait froid !   •

5 Écoute et retrouve le début de chaque opinion.
Écris-les, comme dans l'exemple.

Piste 13

a)   et que les acteurs sont très bons.

b) 1) Je pense que les activités du foyer sont sympas   mais qu'elles ont lieu trop tard.

c)   et qu'il est compliqué à utiliser.

d)   mais qu'il est très original.

e)   mais qu'il enseigne très bien.

LES BONS CONSEILS

*Et que / qu' sert à exprimer une opinion de la même façon que je trouve, je pense,
je crois que / qu'. Mais que / qu' sert à nuancer cette opinion.*

1 | Écoute et complète le texte avec *pour* ou *afin de / d'*.

Piste 14

La photo numérique

Aujourd'hui, les appareils photo numériques sont très automatisés (*afin de*) faciliter la prise de photos. Modes spéciaux ( ) photographier des personnes ou des paysages, déclenchement automatique du flash en fonction de la lumière…

Ensuite, avec un ordinateur, quelques clics suffisent ( ) retoucher les photos : changer la luminosité, le contraste, les couleurs… Sur Internet, de nombreux sites proposent des espaces ( ) montrer ses photos. Mais attention aux droits d'auteurs des photographes ! Certains sites sont sécurisés ( ) empêcher les internautes de copier les photos ( ) les imprimer ou ( ) les garder dans leur ordinateur.

2 | Transforme les phrases, comme dans l'exemple. Change le registre (courant ou formel) en fonction de l'interlocuteur et fais toutes les modifications nécessaires.

a) Salut Léo ! Je t'appelle pour te demander ton adresse mail.

b) Mme Béart, pourrais-je entrer dans votre salle de classe afin de prendre un dictionnaire ?

c) Alice, viens dans mon bureau tout de suite !

d) Sacha, je peux prendre ton téléphone pour passer un appel, s'il te plaît ?

e) M. Lebon, nous aimerions vous inviter à la maison afin de vous présenter nos parents.

f) Monsieur, je vous conseille de passer par la rue Lepic afin d'arriver à l'heure chez vos amis.

a) Bonjour M. Roy, (*je vous appelle afin*) de vous demander votre adresse mail.

b) Sylvie, ( )

c) Mme Latour, ( )

d) Monsieur, ( )

e) Arthur, j' ( )

f) Alex, ( )

3 | Complète avec les verbes de la liste à la forme qui convient. Attention à la contraction de la préposition !

| s'intéresser à | se connecter à | servir à | téléphoner à | ~~participer à~~ | aider à |

a) Nous aimerions [participer aux] activités du foyer.

b) Je ne veux pas de tablette multimédia, ça ne [   ] rien.

c) Tu es en retard, tu devrais [   ] bureau pour prévenir tes collègues.

d) Ils vont au salon des métiers parce qu'ils [   ] métiers de l'informatique.

e) Tu peux [   ] Internet avec ton portable ?

f) Vous m' [   ] ranger les courses, s'il vous plaît ?

4 | Complète avec les verbes de la liste à la forme qui convient.

| avoir envie de | ~~oublier de~~ | permettre de | rêver de | refuser de | avoir besoin de |

a) Je dois repasser chez moi, j' [ai oublié de] prendre mon portable.

b) Qu'est-ce que tu ferais à ma place ? Aide-moi, j' [   ] tes conseils !

c) Elle [   ] venir à la fête de Johanna hier parce qu'elle est fâchée avec elle.

d) Qu'est-ce que vous [   ] faire ce week-end ?

e) Elle adore le cinéma, elle [   ] devenir réalisatrice.

f) La voiture du futur sera silencieuse et [   ] se déplacer sans polluer.

5 | a) Complète le dialogue avec les prépositions à ou de/d'.

Lucie ▶ Qu'est-ce que tu fais samedi soir ? Ça te dit, un ciné ?

Mathias ▶ Je ne sais pas… Je n'ai pas très envie [de] sortir. Lundi j'ai un contrôle d'histoire, et le prof nous a conseillé [   ] réviser les cours de tout le trimestre ! Le problème, c'est que je n'ai pas tous les cours… J'ai été beaucoup absent ce trimestre, et j'ai oublié [   ] récupérer les notes.

Lucie ▶ Téléphone [   ] Thibaut, il t'aide souvent [   ] faire tes devoirs, non ?

Mathias ▶ Je l'ai fait, je l'ai même invité [   ] dîner à la maison, mais il n'est pas là aujourd'hui. Il participe [   ] une compétition d'échec.

Lucie ▶ Ah oui, c'est vrai, il fait partie [   ] l'équipe nationale d'échec, non ?

Mathias ▶ Ouais… Bref, il m'a proposé [   ] passer dimanche soir, mais ça va être trop tard…

Lucie ▶ Attends, ne stresse pas. Montre-moi tes notes, je vais essayer [   ] t'aider.

🔊 **b) Écoute et vérifie.**
Piste 15

1 | Lis le texte et réponds aux questions.

La généralisation des ENT dans les établissements scolaires en France

Un Espace Numérique de Travail est un ensemble de services numériques qui facilitent le travail des élèves et la vie dans l'établissement. On peut trouver en ligne sur les ENT : les absences, les notes, les problèmes de la classe. Les professeurs peuvent mettre leurs cours en ligne et les élèves y retrouver les livres numériques, ce qui leur permet d'avoir des cartables moins lourds et de travailler avec des outils plus innovants et plus intéressants. Cet outil est très apprécié par les parents qui peuvent grâce aux ENT suivre plus facilement leurs enfants et entrer en contact, échanger et prendre rendez-vous plus rapidement avec les professeurs. Les autres avantages des ENT sont les forums de discussions, les blogs et les messageries instantanées. Ils permettent aux élèves les plus timides ou absents de poser des questions aux professeurs-tuteurs. Les élèves peuvent aussi

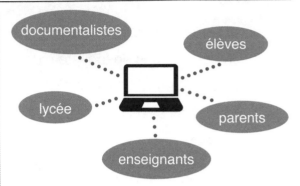

travailler en ensemble sur des projets : (exposés, présentations…). Des études montrent que les forums consacrés aux cours sont très utilisés,- et certains établissements sont en train de former des élèves-tuteurs qui pourront aider les élèves en difficulté. Les ENT sont donc un moyen innovant et efficace pour un travail collaboratif et pour lutter contre les difficultés scolaires.

a) Qui sont les bénéficiaires des ENT ?

b) Que peut-on mettre sur l'ENT de l'établissement ?

c) Quels sont les avantages d'avoir des livres numériques ?

d) Quels sont les exemples de travail collaboratif cités dans le texte ?

e) Pourquoi le texte dit que les ENT sont un moyen pour lutter contre les difficultés scolaires ? Explique-le avec tes mots.

Vocabulaire

LE MATÉRIEL

1 | Écris les noms.

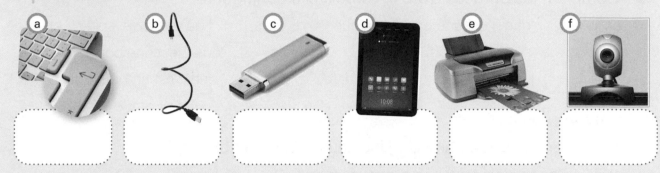

LE LANGAGE INFORMATIQUE ET INTERNET

2 | Complète les expressions.

a) Saisir un ....

b) Visiter un ....

c) .... en ligne.

d) Retoucher une ....

e) Se connecter à ....

f) .... une application.

g) Utiliser un moteur ....

h) .... un profil.

Grammaire

LE PRONOM INTERROGATIF

3 | Complète avec *lequel*, *laquelle*, *lesquels* ou *lesquelles*.

a) J'ai besoin de deux casques pour le scooter, ... je prends ?

b) Je prends les clés du local ? Ce sont .... ?

c) Les deux tablettes sont géniales… .... j'achète ?

d) Tu me prêtes un jeu vidéo ? – Oui, ... tu veux ?

LA PHRASE EXCLAMATIVE

4 | Exprime d'une autre manière chaque exclamation.

a) Je suis déçue ! Quelle .... !

b) Je m'ennuie ! .... ennui !

c) Ce film est amusant ! .... amusant !

d) J'adore tes photos de la mer. .... belles photos !

e) Qu'il est grand ! Comme .... !

f) Qu'elles sont gentilles ! Qu'est-ce .... !

Grammaire

LE VERBE *CROIRE*

5 | **Complète les phrases avec le verbe *croire* conjugué.**

a) Tu [crois] que c'est une bonne marque ?

b) Nous [ ] qu'il a raison.

c) Ils [ ] que c'est faux.

d) Vous [ ] qu'elle va revenir ?

e) Je [ ] que c'est une bonne idée.

f) Elle [ ] que c'est un bon prof.

L'EXPRESSION DU BUT

6 | **Qu'indique chaque phrase ? Une cause (C) ou un but (B) ?**

a) Tu viens chez moi pour boire un jus de fruits ? [ ]

b) Je pars parce que je suis fatigué. [ ]

c) Tu veux créer un blog ? Mais pour quoi faire ? [ ]

d) Je vous écris afin de vous proposer ma candidature. [ ]

e) Je consulte tous ces sites web pour chercher des informations. [ ]

f) Alex m'a téléphoné ce matin pour m'inviter chez lui. [ ]

CONSTRUCTION AVEC LES PRÉPOSITIONS *À* ET *DE*

7 | **Complète avec *à* ou *de / d'*.**

a) Mon père s'intéresse [ ] l'histoire.

b) Je rêve [ ] aller en Chine.

c) Tu n'as pas envie [ ] venir ?

d) Aide-moi [ ] faire la vaisselle !

e) Il a oublié [ ] appeler ses parents.

f) [ ] qui tu téléphones ?

g) Nous avons besoin [ ] sortir.

h) [ ] quoi sert ce petit bouton rouge ?

Phonétique

🔊 **8** | **Écoute les phrases et dessine les intonations comme dans l'exemple.**

Piste 16

Exemple : Elle est super belle cette tablette !

a) Je ne peux pas aller sur Internet, mon ordinateur est en panne.

b) Change de sujet : elle arrive…

c) On lui a volé son disque dur ; heureusement qu'il y avait des copies sur CD.

d) Elle m'a demandé : « Que faites-vous ici ? »

○○ **très bien**
○● **assez bien**
●● **pas très bien**

Comprendre : écouter

○○ Je peux comprendre quelqu'un qui distingue des personnes ou des objets à l'aide des pronoms interrogatifs et démonstratifs.

○○ Je peux comprendre quelqu'un qui exprime des sentiments, des émotions à l'aide de phrases exclamatives.

○○ Je peux comprendre quelqu'un qui distingue la cause et le but.

○○ Je peux comprendre quelqu'un qui exprime des opinions complexes.

○○ Je peux comprendre quelqu'un qui complète la signification d'un verbe à l'aide de *à* et *de.*

○○ Je peux distinguor l'intonation dans des phrases.

Comprendre : lire

○○ Je peux lire et comprendre une conversation entre jeunes sur les tablettes multimédias.

○○ Je peux lire et comprendre un texte sur les caractéristiques d'une tablette.

○○ Je peux lire et comprendre un texte sur la communication par gestes.

○○ Je peux lire et comprendre un texte sur l'évolution de l'ordinateur.

Parler : prendre part à une conversation

○○ Je peux distinguer des personnes ou des objets. (– Lequel tu vas prendre ? – Celui-ci.)

○○ Je peux exprimer des sentiments, des émotions. (Qu'il est beau ce tableau !)

○○ Je peux distinguer la cause et le but. (– Pourquoi tu crées un profil sur Facebook ?
– Parce que mes copains en ont un ! – Mais pour quoi faire ? – Pour être en contact avec eux !)

○○ Je peux exprimer des opinions complexes. (Je crois que c'est un excellent produit et que vous n'allez pas regretter votre achat.)

○○ Je peux compléter la signification d'un verbe. (Je m'intéresse à l'astronomie, ça permet d'apprendre beaucoup de choses sur l'histoire de la Terre.)

Parler : s'exprimer en continu

○○ Je peux parler des fonctionnalités qui m'intéressent le plus dans une tablette.

○○ Je peux parler de l'utilisation des nouvelles technologies pour le travail en classe.

○○ Je peux parler du langage gestuel.

Écrire

○○ Je peux écrire un guide du bon usage des réseaux sociaux.

○○ Je peux reconnaître et interpréter les différents signes de ponctuation.

Compétences culturelles

○○ Je découvre les nouvelles technologies.

○○ Je découvre le brevet en informatique et Internet dans les lycées français.

○○ Je peux interpréter le sens de certains gestes.

Aide-mémoire

Communication

DISTINGUER DES PERSONNES OU DES OBJETS

– Ils ont l'air tous bien ces appareils photo…
Lequel choisir ?
– **Celui-c**i est joli, mais **celui qui** est derrière est moins cher.

EXPRIMER DES SENTIMENTS, DES ÉMOTIONS

– **Qu'il** est beau ce tableau !
– Ah, non, **quelle** horreur !

EXPRIMER DES OPINIONS COMPLEXES

– **Je crois que** c'est un excellent produit **et que** vous n'allez pas regretter votre achat.

DISTINGUER LA CAUSE ET LE BUT

– **Pourquoi** tu retouches tes photos ?
– **Parce qu'**elles ne sont pas belles !
– Tu retouches tes photos ? **Pour quoi faire ?**
– **Pour** améliorer les couleurs.

COMPLÉTER LA SIGNIFICATION D'UN VERBE

– Je **m'intéresse à** l'astronomie, ça permet d'apprendre beaucoup de choses sur l'histoire de la Terre.

Grammaire

LE PRONOM INTERROGATIF *LEQUEL*

– Ils sont supers ces téléphones. **Lequel** tu préfères ?
– **Le** noir.
– Tu as beaucoup de casquettes ! **Laquelle** tu mets ?
– **Celle-ci**.
– J'adore tes CD, **lesquels** on écoute ?
– **Ceux que** je viens d'acheter !
– Elles ont l'air sympas ces filles. **Lesquelles** sont dans ta classe ?
– **Celles de** gauche.

LA PHRASE EXCLAMATIVE

• **Quel** + adjectif ou nom : **Quelle** bonne idée ! / **Quelles** histoires !

• **Que / Qu'** + phrase (formel) : **Que** vous êtes aimables !
• **Comme** + phrase (courant) : **Comme** tu es gentil !
• **Qu'est-ce que / qu'** + phrase (familier) **Qu'est-ce qu'**il est sympa !

L'EXPRESSION DU BUT

• **Pour** + infinitif (courant)
Je t'appelle **pour** t'inviter chez moi.

• **Afin de / d'** + infinitif (formel)
Je vous contacte **afin de** connaître votre opinion.

LE VERBE *CROIRE* AU PRÉSENT

je crois, tu crois, il / elle / on croit, nous cro**y**ons, vous cro**y**ez, ils / elles croient

EXPRIMER UNE OPINION COMPLEXE

– Je **trouve que** cette tablette est très belle **et qu'**elle est très facile à utiliser.
– Je **crois que** la batterie est chère **mais qu'**elle dure longtemps.

CONSTRUCTIONS AVEC LA PRÉPOSITION *À*

• **À** + nom de chose
Nous allons **participer à** un concours.
• **À** + nom de personne
Nous **parlons au** professeur.
• **À** + infinitif
Cet appareil **sert à** traduire les mots.

CONSTRUCTIONS AVEC LA PRÉPOSITION *DE*

– J'**ai besoin de** sortir un moment.
– Ma sœur **rêve d'**aller aux États-Unis.
– Il **refuse de** nous accompagner.
– J'ai **oublié de** t'appeler !
– Tu **as envie d'**aller en ville ?

Phonétique

• **La ponctuation et l'intonation**
- **Le point :** intonation descendante.
- **Le point d'interrogation :** intonation montante.
- **Le point d'exclamation :** intonation montante.
- **Les points de suspension :** la voix ne baisse pas, elle reste en suspens.
- **La virgule :** courte pause, sans changement d'intonation.
- **Le point-virgule :** pause plus importante, sans baisser complètement la voix.
- **Le deux-points :** l'intonation est légèrement en suspens.
- **Les guillemets :** on marque une légère pause avant et après la citation.

3 Le Club de la biodiversité

Au parc zoologique

1 Piste 17 **Écoute la première partie du dialogue entre Faustine et Pierre. Ensuite, entoure les mots que tu as entendus. Il y a 4 intrus.**

tard   désolé   prévenir   une demi-heure   tu m'attends

téléphoné   occupé   je veux   présenter   promis

2 Piste 18 **a) Écoute la deuxième partie du dialogue et choisis la bonne réponse.**

1) Leïla est…	☐ un puma.	☒ une panthère.
2) La race de Leïla provient…	☐ de Chine.	☐ d'Afrique.
3) Leïla est…	☐ herbivore.	☐ carnivore.
4) Leïla est née…	☐ en captivité.	☐ en liberté.
5) Leïla a toujours vécu en France.	☐ C'est vrai.	☐ C'est faux.

b) Réponds aux questions.

1) Où mange Leila ?

....

2) Depuis combien de temps vit-elle en France ?

....

3 Relis le texte sur le Muséum national d'histoire naturelle de la page 57. Remets les phrases dans l'ordre chronologique et complète-les avec les expressions de la liste.

En 1794   Au XXe siècle   Il y a 350 ans   Petit à petit

☐ a) ...., le Muséum s'est développé sur d'autres sites à Paris et dans le reste de la France.

☐ b) ...., le Muséum national d'histoire naturelle était un jardin médicinal.

☐ c) ...., la ménagerie du Jardin des Plantes est créée. Les scientifiques commencent à étudier des spécimens vivants.

☐ d) ...., les collections du jardin se sont diversifiées et le jardin s'est consacré à l'histoire naturelle.

4 | Trouve dans le texte tous les mots relatifs aux sciences et à la médecine.

> un jardin médicinal

5 | Lis le texte et réponds aux questions.

Le lion

Joseph Kessel, journaliste et romancier français, a écrit *Le Lion* en 1958.

Le Lion, c'est l'histoire du narrateur et de la savane, au Kenya ; c'est aussi l'histoire de Patricia, fille du directeur de la réserve, John Bullit, et de King, un lion.

Ça fait presque dix ans que King est l'ami fidèle de Patricia. Elle l'a sauvé, bébé, et depuis ce jour son père et elle l'ont élevé dans la réserve. Ils ont grandi ensemble pendant toutes ces années. Mais il n'y a pas que King dans la vie de Patricia : il y a Sybil, sa mère... Maintenant, celle-ci a peur de King, devenu adulte.

Oriounga, jeune guerrier masaï, s'intéresse aussi à King. Il doit accomplir un rite pour entrer dans l'âge adulte : combattre un fauve à mains nues...

Joseph Kessel
Le lion
folio

a) Qui sont les six personnages de l'histoire ? Sont-ils tous humains ?

b) Où se déroule l'histoire ?

c) Pourquoi King et Patricia sont-ils très amis ? Pourquoi est-ce une situation surprenante ?

d) Pourquoi la mère de Patricia a-t-elle peur de King ? A-t-elle toujours eu peur de lui ?

e) Pourquoi Oriounga s'intéresse-t-il à King ?

6 | Écris un petit texte pour donner ton opinion sur les parcs zoologiques.

1 | **a) Donne le nom de ces animaux.**

Piste 19

🔊 **b) Maintenant, écoute ces affirmations incorrectes sur les animaux et corrige-les.**

1) L'anaconda a des écailles.

2)

3)

4)

5)

6)

7)

8)

9)

10)

2 | Mets les phrases suivantes à la forme négative.

Exemple : Elle veut voir des lémuriens et des girafes.

→ Elle ne veut pas voir de lémuriens ni de girafes.

a) Je veux m'approcher et toucher les hippopotames.

b) Tu prends en photo les lions et les tigres.

c) Il ne faut pas donner à boire et à manger aux animaux.

d) Nous avons vu des koalas et des autruches.

e) Sur leur bateau, elles voient souvent des baleines et des tortues.

f) L'araignée est un insecte et a des écailles.

3 | Lis le texte puis réécris-le en utilisant un maximum de *ne... que/qu'*.

Le dauphin du zoo est malade !

Phénix, le nouveau dauphin du zoo, ne va pas bien. Son poids et sa taille sont insuffisants pour son âge (1,20 m et 45 kg). Il joue uniquement avec son dresseur, et 10 minutes par jour : ce n'est pas assez pour un dauphin !
Il mange uniquement des calamars et une seule fois par jour. Comme il est triste, il n'arrive pas à dormir : il dort deux heures par jour. Il faut lui rendre sa liberté, car en captivité, il ne peut pas vivre plus de sept ans.

Phénix, le nouveau dauphin du zoo, ne va pas bien.
Son poids et sa taille sont insuffisants pour son âge : il <u>ne</u> mesure <u>que</u> 1,20 m et <u>ne</u> pèse <u>que</u> 45 kg...

LES BONS CONSEILS

Pour raconter un événement passé, tu dois utiliser :
* **Le passé composé** pour **raconter** des actions.
* **L'imparfait** pour **décrire** une situation.

*Nous **sommes allés** au parc naturel, il **faisait** très beau.*
*Quand l'aigle nous **a survolés**, nous **étions** au sommet de la montagne.*

1 **a) Lis l'article. Les verbes au passé ont été mis à l'infinitif. Souligne les verbes qui indiquent des actions et entoure ceux qui servent à décrire.**

Incroyable, mais vrai : un hippopotame adopté par une tortue !

Un tsunami (avoir lieu) en 2004 en Asie, dans l'océan Indien. Il (provoquer) des tempêtes jusqu'en Afrique. Ces fortes vagues (faire) une victime inattendue : un bébé hippopotame, qui (vivre) au bord de l'océan Indien, au Kenya. Il (être) très jeune, mais (peser) déjà 300 kilos et (mesurer) plus de deux mètres de long !

Une vague l'(emporter) le 26 décembre. Il (rester) dans l'eau pendant très longtemps. Il (être) épuisé quand des gardes forestiers l'(découvrir). Ils l'(ramener) vers le bord et l'(installer) dans une réserve naturelle.

Mais le petit hippopotame n'(avoir) plus sa mère, disparue lors du tsunami. Il (être) très triste et (chercher) désespérément une nouvelle mère... Au bout de quelques jours, il (trouver) ! Une tortue de 100 ans (décider) de l'adopter. Ils nagent, mangent et dorment ensemble... Le petit hippopotame suit sa mère adoptive partout et la protège des attaques des autres animaux.

b) Écris les verbes de l'article à la forme correcte.

1) a eu lieu
2)
3)
4)
5)
6)
7)
8)
9)
10)
11)
12)
13)
14)
15)
16)
17)
18)

🔊 2 **Écoute et transforme les phrases. Utilise** *depuis* **ou** *ça fait... que.*

Piste 20

~~~~~~

LES BONS CONSEILS

N'oublie pas les différents emplois de l'expression *il y a*

- **Exprimer l'existence dans un lieu :** *Il y a des requins dans cet aquarium ?*
- **Situer une action dans le passé :** *Nous sommes allés au musée il y a deux jours.*

Exemple : a) J'habite à Toulouse depuis quatre ans. = Ça fait quatre ans que j'habite à Toulouse.

b) ....

c) ....

d) ....

e) ....

f) ....

3 | **Calcule et fais une phrase avec** *pendant.*

a) Je suis restée chez Louise de 16h à 16h45.

Je suis restée chez Louise pendant trois quarts d'heure.

b) Mes parents ont vécu au Canada de 1985 à 2009.

....

c) On a fait la queue au cinéma de 17h à 17h20.

....

d) Le métro a été arrêté à cause d'un accident de 9h à 10h.

....

e) Je suis parti en vacances du 15 juillet au 15 août !

....

4 | **Complète le mail avec** *depuis,* *ça fait... que, il y a,* **ou** *pendant.*

○ ○ ○

| Supprimer | Indésirable | | Répondre | Rép. à tous | Réexpédier | Imprimer |

Salut Maman !

Ça y est ; je suis dans le chantier international ....
six jours ! Hier on a travaillé .... cinq heures sans pause !
Nous avons rencontré le directeur de la réserve naturelle,
.... 15 ans .... il est là ! Il nous a raconté que
le chantier international a commencé .... cinq ans et que
ça les aidait beaucoup ! Je suis content d'être là ! Bises , Mathieu !

Phonétique

◄)) 1 | **Lis les phrases et fais les liaisons. Ensuite, écoute et vérifie.**

Piste 21

a) En Afrique, vivent plus de soixante-dix espèces d'antilopes.

b) Elles ont du mal à survivre dans la savane qui est devenue trop aride.

c) Des guépards ont attrapé trois antilopes derrière un gros arbre.

d) Les singes aiment se balancer sur les lianes accrochées aux arbres.

e) Ces animaux supportent les plus extrêmes conditions de vie.

f) Les grands aigles sont des chasseurs très habiles et très rapides. Quand ils attaquent des mammifères au sol, ils peuvent les atteindre en quelques secondes.

2 | **Écris le pronom qui manque et indique s'il s'agit du pronom COD ou du pronom COI.**

a) J'adore ta casquette ! Tu me ⟨ *la* ⟩ prêtes ? ⟨ *pronom COD* ⟩

b) Il est au courant ? C'est toi qui ⟨ ⟩ as dit ? ⟨ ⟩

c) Ils n'ont pas reçu mon mail ? Je le ⟨ ⟩ renvoie tout de suite. ⟨ ⟩

d) Tu as reçu ton bulletin de notes ? Tu me ⟨ ⟩ apportes, s'il te plaît ? ⟨ ⟩

e) J'ai oublié de vous rapporter vos livres, je ⟨ ⟩ rends demain ? ⟨ ⟩

f) C'est sa copine ? Pourquoi il ne nous ⟨ ⟩ présente pas ? ⟨ ⟩

LES BONS CONSEILS

Tu as remarqué ?
Les pronoms personnels COD et COI sont identiques, sauf à la 3ᵉ personne du singulier et du pluriel.
COD : **le, la, l' / les**   COI : **lui / leur**

Pour mémoriser l'ordre des pronoms compléments, observe la place du pronom COI :

● On met avant : me, te, nous, vous
  *Tu me **le** donnes, je te **le** donne, tu nous **le** donnes, je vous **le** donne.*

● On met après : lui, leur
  *Tu **le** lui donnes, je **le** leur donne.*

3 | Réponds positivement à chaque question. Utilise deux pronoms compléments.

Jean ▸ Vous avez trouvé le cadeau pour Stéphane ?

Emma ▸ Oui, on l'a acheté ! Il l'aura samedi,
le livreur du magasin (le)(lui) apporte à 14 h.

Jean ▸ Un livreur ? Pourquoi ? D'habitude, ses cadeaux,
on (......)(......) donne nous-mêmes, non ?

Adrien ▸ Ah, mais, tu ne sais pas ce que c'est ?

Jean ▸ Non !

Emma ▸ Hé hé hé… Je pensais que tu le savais !

Jean ▸ Bon, tu (......)(......) dis, ou quoi ?

Emma ▸ C'est un vivarium avec un serpent…

Jean ▸ Un serpent ? Vivant ?

Emma ▸ Oui, ses parents sont d'accord, il (......)(......) demande depuis des mois.
Attends, j'ai une photo dans mon portable, je (......)(......) montre.

Jean ▸ Ouah, elle est impressionnante la photo… Le serpent est énorme !
Et ses petites sœurs, elles n'ont pas peur ?

Adrien ▸ Non, pas du tout ! Tu sais ce qu'elles lui ont dit ? « D'accord, si tu (......)(......)
prêtes de temps en temps ! »

4 | Remplace les pronoms soulignés par les pronoms compléments qui conviennent. Attention à l'accord du participe passé.

a) Tu as donné les entrées du zoo à tes amis.

(....)

b) J'ai jeté les cacahuètes à l'éléphant.

(....)

c) Le singe m'a pris ma casquette.

(....)

d) Le gardien a jeté les morceaux de viande aux tigres.

(....)

e) Les otaries vous ont lancé la balle.

(....)

f) Le koala t'a tendu la patte.

(....)

1 | Lis le texte et réponds aux questions.

LES 4 COMMANDEMENTS DE L'ÉCOCITOYEN

1 Je respecte le rythme de la nature.

La nature c'est un peu comme un musée : c'est beau, mais il ne faut pas trop y toucher. Je ne dois pas toucher, prendre, cueillir ce que je vois dans la nature sinon je la mets en danger !

2 Je limite l'usage de produits chimiques.

Je dois faire très attention aux pesticides, aux insecticides ou engrais que je mets dans mon jardin et sur mes plantes pour qu'elles soient plus belles ! Le résultat de ces produits, c'est la pollution des sols, des réserves d'eau et la mort des insectes. Je me renseigne pour les remplacer par des méthodes biologiques et souvent très faciles !

3 Je limite ma consommation d'eau pour mon jardin

Je dois arrêter de vouloir le jardin le plus vert possible ! La nature est bien faite, elle n'a pas besoin de boire autant que nous ! En plus, en lui donnant trop d'eau, je la fragilise : elle ne pourra plus se défendre en cas de sécheresse ! Pour l'arrosage ; je peux utiliser l'eau de pluie collectée, mon jardin n'a pas besoin d'eau minérale !

4 Je profite des fruits et légumes de saison

Je mange les fruits et les légumes de saison ! Cela évite l'utilisation de produits chimiques pour les faire pousser. Je consomme de préférence les produits qui viennent de ma région pour limiter la consommation de carburant !

a) Quel est l'objectif de ces recommandations ?

b) Selon le 1er commandement, comment peut-on respecter le rythme de la nature ?

c) Quelle ressource naturelle est menacée dans les 2e et 3e recommandations ?

d) Il est important de manger les fruits de saison. Pour chaque saison, propose les fruits que l'on peut manger.

2 | Fais des recherches sur Internet et propose deux autres commandements.

Vocabulaire

LES ANIMAUX SAUVAGES ET LEUR MILIEU NATUREL

1 | **Complète les noms des animaux.**

a) Mammifères : le l [...] [...] p   le k [...] [...] g [...] [...] [...] [...] [...]   le si [...] [...] [...]

b) Herbivores : le k [...] [...] [...] a   l'a [...] [...] i [...] p   la g [...] r [...] [...] [...]

c) Carnivores : le j [...] [...] u [...] r   la pa [...] t [...] è [...] [...]   le r [...] q [...] [...] [...]

2 | **Complète les phrases.**

a) La grenouille a la peau [ ]

b) L'aigle a des [ ]

c) Le lion a des [ ]

d) L'ours a de la [ ]

e) Le kangourou vit dans le [ ]

f) Le poulpe vit dans l' [ ]

g) L'autruche vit dans la [ ]

h) L'iguane vit dans la [ ]

Grammaire

LA RESTRICTION : *NE.. QUE*

3 | **Transforme les phrases avec *ne ... que/qu'*.**

a) Ma petite sœur a seulement 2 ans. [ ]

b) Vous parlez uniquement le français ? [ ]

c) J'ai fait un seul exercice. [ ]

d) Nous avons visité une partie du zoo. [ ]

e) Le koala mange des feuilles. [ ]

LA NÉGATION DE DEUX ÉLÉMENTS

4 | **Transforme les phrases avec *ne ... ni ... ni*.**

a) Tu n'aimes pas les fraises ni les cerises ? [ ]

b) Je ne veux pas sortir ni regarder la télé. [ ]

c) Il ne sait pas jouer du piano ni de la guitare. [ ]

d) Nous ne regardons pas de films, ni de séries. [ ]

e) Elles ne connaissent pas la Belgique, ni les Pays-Bas. [ ]

Le coin des exos

Grammaire

L'OPPOSITION IMPARFAIT/PASSÉ COMPOSÉ

5 | **Conjugue les verbes à la bonne forme.**

a) Il (pleuvoir) .... quand il (arriver) ....

b) Je (lire) .... quand le chien (sauter) .... sur moi.

c) Nous (aller) .... à la plage, il y (avoir) .... du soleil.

d) Tu (être) .... en retard, alors tu (sortir) .... en courant et tu (oublier) .... les clés.

e) Ils (nager) .... dans le fleuve, quand le crocodile (apparaître) ....

INDIQUER LE MOMENT ET LA DURÉE D'UNE ACTION

6 | **Relie les deux parties de chaque phrase.**

a) Le cours a commencé •   • 1) il y a un mois à peine.

b) J'ai vu Élisa •   • 2) il y a trois ans.

c) Je suis nul en basket, j'ai commencé •   • 3) il y a dix minutes.

d) J'ai visité Paris •   • 4) il y a une heure, au self.

7 | **Transforme en utilisant** *depuis*, *ça fait… que* **ou** *pendant*.

a) J'attends le bus depuis une heure. ....

b) Il y a trois jours qu'il est parti. ....

c) J'ai emménagé il y a trois ans. ....

d) Il a regardé la télé de 20 h à 22 h. ....

e) Elles ont travaillé de juin à juillet. ....

Phonétique

🔊 **8** | **Écoute et écris les liaisons que tu entends.**

Piste 22

Exemple : Nous entrons dans la classe. = Nous‿entrons dans la classe.

a) Les autruches courent très vite.

b) Leurs oiseaux font trop de bruit.

c) Le rhinocéros est très imposant.

d) Ils essayent. Ils approchent. Ils abandonnent. Les singes sont incroyables !

e) Il a vu six otaries.

f) Le koala est un animal paresseux.

○○ *très bien*
○● *assez bien*
●● *pas très bien*

Comprendre : écouter

○○ Je peux comprendre quelqu'un qui parle de quelqu'un ou de quelque chose sans dire son nom, à l'aide de la combinaison des pronoms compléments.

○○ Je peux comprendre quelqu'un qui exprime la restriction à l'aide de *ne … que*.

○○ Je peux comprendre quelqu'un qui exprime la négation de deux éléments.

○○ Je peux comprendre quelqu'un qui raconte des événements passés à l'aide du passé composé et de l'imparfait.

○○ Je peux comprendre quelqu'un qui indique le moment et la durée d'une action.

○○ Je peux reconnaître les enchaînements, les liaisons et les élisions dans les phrases.

Comprendre : lire

○○ Je peux lire et comprendre une conversation entre deux amis sur le parrainage d'un animal.

○○ Je peux lire et comprendre un texte sur l'histoire du Muséum national d'histoire naturelle de Paris.

○○ Je peux lire et comprendre un texte sur la mangrove, un écosystème des régions tropicales, qui est en danger.

Parler : prendre part à une conversation

○○ Je peux indiquer le moment et la durée d'une action. *(Regarde cet éléphant, sa compagne est morte il y a un mois. Il est resté sans manger pendant une semaine…)*

○○ Je peux parler de quelqu'un ou de quelque chose sans dire son nom. *(Elle veut jouer avec ton ballon, tu le lui prêtes ?)*

○○ Je peux exprimer la restriction et la double négation. *(Cet animal sait voler, mais il n'a ni bec ni plumes… Et il ne vole que la nuit.)*

○○ Je peux raconter des événements au passé. *(Avant-hier, on est allés à l'aquarium, c'était impressionnant !)*

Parler : s'exprimer en continu

○○ Je peux parler des initiatives à prendre pour préserver la biodiversité.

○○ Je peux parler des bénéfices de la mangrove pour les populations locales et pour la planète.

○○ Je peux parler de mon animal préféré.

○○ Je peux parler d'initiatives pour la protection des animaux.

○○ Je peux parler de la vie et des recherches d'un scientifique connu.

○○ Je peux parler d'une personne ou d'un objet sans dire son nom.

○○ Je peux parler des initiatives à prendre pour préserver la biodiversité dans notre ville.

Écrire

○○ Je peux rédiger un texte au passé traitant d'une rencontre avec un animal sauvage.

○○ Je peux rédiger le plan d'un exposé.

Compétences culturelles

○○ Je découvre des initiatives pour favoriser la biodiversité en ville.

○○ Je découvre un écosystème en danger.

Aide-mémoire

EXPRIMER LA RESTRICTION ET LA NÉGATION

– Cet animal sait voler, mais il n'a **ni** bec **ni** plumes… Et il **ne** vole **que** la nuit.

RACONTER DES ÉVÉNEMENTS PASSÉS

– **Avant-hier**, on **est allés** à l'aquarium, c'**était** impressionnant !

INDIQUER LE MOMENT ET LA DURÉE D'UNE ACTION

– Regarde cet éléphant, sa compagne est morte **il y a** un mois. Il est resté sans manger **pendant** une semaine.
– Le pauvre, il a l'air tout triste… **Ça fait** vingt minutes qu'il tourne en rond !

PARLER DE QUELQU'UN / DE QUELQUE CHOSE SANS DIRE SON NOM

– Elle veut jouer avec ton ballon, tu **le** **lui** prêtes ?
– Tiens, je **te** le prête… Mais tu **me** le rends après !

LA RESTRICTION

Ne … que = seulement, uniquement
Je **ne** sors **que** le week-end.

LA NÉGATION DE DEUX ÉLÉMENTS

- **Avec un article défini**
  Ne … pas … ni / Ne … ni … ni
  Nous **n'**avons **pas** vu **les** tigres **ni** les panthères.
  Nous **n'**avons vu **ni** les tigres **ni** les panthères.

- **Avec un article indéfini**
  Ne … pas de … ni / Ne … ni … ni
  Nous **n'**avons **pas** vu **de** tigres **ni** de panthères.
  Nous **n'**avons vu **ni** tigres **ni** panthères.

L'OPPOSITION IMPARFAIT / PASSÉ COMPOSÉ

Pour raconter un événement passé, on utilise :
- **le passé composé** pour parler d'une action précise, survenue à un moment donné ;
- **l'imparfait** pour décrire une situation ou faire un commentaire.
  Nous **sommes allés** au muséum. Il y **avait** beaucoup de monde. Je **regardais** les animaux quand tu m'**as téléphoné.**

LES EXPRESSIONS DE TEMPS

- **Le moment de l'action**
  ce jour-là, le lendemain, à ce moment-là, alors, tout d'un coup, soudain, subitement

- **La chronologie**
  d'abord, pour commencer, après, ensuite, puis, (un peu) plus tard, avant / après, enfin, finalement, (et) pour terminer

LE MOMENT ET LA DURÉE DE L'ACTION

- Verbe au passé + **il y a** + moment ponctuel
  Je suis allé à l'aquarium **il y a** trois jours.

- Verbe au présent + **depuis** + durée
  J'attends **depuis** un quart d'heure !

- **Ça fait** + durée + **que** + verbe au présent
  Ça fait un quart d'heure **que** j'attends.

- Verbe au passé + **pendant** + durée totale
  J'ai attendu **pendant** un quart d'heure.

LA COMBINAISON DE DEUX PRONOMS COMPLÉMENTS

L'ordre des pronoms varie selon la personne du COI.

- **COI (1ʳᵉ et 2ᵉ personnes) + COD**
  me le, te la, nous les, vous l'…
  Lola me montre les photos.
  → Lola **me les** montre.

- **COD + COI (3ᵉ personne)**
  le lui, la leur…
  Je prête mon MP3 à ma sœur.
  → Je **le lui** prête.

- **Enchaînements, liaisons et élisions**.

4

Le Club des professionnels

1 Trouve les noms de profession dans les mots mêlés.

P	M	E	D	E	C	I	N	I	Q	U	E	E	S	D	A	E	U	V	F
H	C	J	O	U	R	N	A	L	I	S	T	E	C	E	C	G	A	E	L
A	H	E	C	V	T	X	H	M	L	E	U	Y	I	T	T	E	E	T	E
R	I	N	D	Q	I	A	O	D	R	A	M	E	E	A	E	V	N	E	U
M	R	T	P	R	O	F	E	S	S	E	U	R	N	I	U	N	X	R	R
A	U	U	O	A	R	I	M	A	T	I	O	N	C	N	R	Z	E	I	I
C	R	P	L	Y	O	W	E	B	M	A	S	T	E	R	R	E	E	N	S
I	G	P	E	L	H	O	R	R	E	U	R	T	F	A	V	O	C	A	T
E	I	D	E	I	T	V	E	N	D	E	U	R	I	U	E	B	O	I	E
N	E	T	I	I	C	O	M	E	D	I	E	J	C	L	E	E	E	R	E
N	N	W	E	S	N	E	R	R	E	D	A	C	T	E	U	R	W	E	B
E	E	N	R	C	V	P	E	I	N	T	R	E	I	N	W	A	E	C	I
T	P	H	O	T	O	G	R	A	P	H	E	E	O	G	E	E	E	E	K
B	O	U	L	A	N	G	E	R	P	E	V	N	F	R	Q	L	J	H	L
E	W	E	B	D	E	S	I	G	N	E	R	E	A	D	M	C	E	U	I

médecin · chirurgien · vétérinaire · fleuriste · webdesigner · pharmacienne · peintre · vendeur · photographe · professeur · avocat · rédacteur web · webmaster · boulanger · acteur · journaliste

2 Relis le texte sur les métiers du web à la page 75, puis observe les expressions ci-dessous qui permettent de décrire ces métiers. Transforme le verbe en nom ou le nom en verbe, comme dans l'exemple.

a) la gestion d'un projet : *gérer* un projet

b) prendre des décisions : *la prise* de décisions

c) l'organisation des contenus : _____ les contenus

d) animer un site : _____ d'un site

e) créer des éléments graphiques : _____ d'éléments graphiques

f) protéger les informations : _____ des informations

g) la rédaction des contenus : _____ les contenus

h) chercher des solutions : _____ de solutions

i) le développement du projet : _____ le projet

LES BONS CONSEILS

Pour mémoriser et élargir ton vocabulaire, emploie aussi les dérivés des mots nouveaux.

3 Relis le texte à la page 75 puis rédige les quatre fiches métier de chaque profession. Écris toutes les fonctions avec des noms.

Le chef de projet web

Création et gestion de projet

Le Rédacteur web

Le Webdesigner

L'expert en sécurité informatique

4 Écoute cet entretien et réponds aux questions.

Piste 23

a) Pour quel poste Nathalie Girard passe-t-elle un entretien ?

b) Pourquoi est-elle intéressée ?

c) Faut-il plusieurs années d'études pour faire ce travail ? Qu'est-ce qu'il faut ?

d) Pense-t-elle avoir ce qu'il faut ? Pourquoi

e) Qui est monsieur Thibault ?

f) Est-ce qu'il faut parler plusieurs langues pour le poste ? Aime-t-elle ça ?

g) Qu'est-ce qu'elle devra faire ?

h) Pourquoi les responsables vont-ils l'évaluer au début ?

i) Pourquoi Nathalie dit-elle qu'ils pourront lui faire confiance ?

j) Que pense le responsable finalement ?

1 Quelles professions choisis-tu si... ?

a) tu es doué(e) en langues. ┆ traducteur(trice), guide-interprète, secrétaire ┆

b) tu t'intéresses aux monuments.

c) tu veux être utile aux autres ou soigner les autres.

d) l'actualité te passionne.

e) tu aimes les ordinateurs et le web.

f) tu adores faire des recherches.

g) tu souhaites travailler de tes mains.

h) tu aimes les voyages et les voyageurs.

i) tu adores construire des choses.

j) tu aimes manipuler les chiffres.

2 Complète les phrases avec les bons verbes à la forme et au temps qui conviennent.

a) Nous avons besoin d'un développeur web pour ┆ mettre en image ┆ nos idées pour le site.

b) Sylvie, n'oubliez pas de ┆ ┆ les courriers, s'il vous plaît.

c) Mon frère s'est cassé la jambe ; le chirurgien va l' ┆ ┆

d) Mon oncle ┆ ┆ une petite entreprise de 15 personnes.

e) Il ┆ ┆ les travaux de construction du nouveau pont.

f) Ma sœur travaille à la réception d'un hôtel : elle ┆ ┆ les clients.

g) M. Ruiz, pouvez-vous ┆ ┆ ce texte en anglais pour lundi ?

h) Les laboratoires ┆ ┆ des recherches pour trouver de nouveaux médicaments.

i) Je travaille dans une maison d'édition et je ┆ ┆ la maquette des ouvrages.

j) Les architectes ┆ ┆ les plans du futur immeuble.

3 Associe les mots à leur définition.

┆ **congés payés** ┆   ┆ **stage** ┆   ┆ **CV** ┆   ┆ **salaire** ┆   ┆ **contrat** ┆   ┆ **contrat à temps partiel** ┆

a) C'est ce que l'on signe avant de travailler dans une entreprise.

b) C'est ce que le salarié reçoit en échange de son travail.

c) C'est ce que les entreprises demandent pour recruter quelqu'un.

d) C'est ce qui permet aux personnes de partir en vacances.

e) Ce type de contrat signifie que l'on ne travaille pas à 100% du temps pour une entreprise.

f) Cela permet aux jeunes de découvrir le métier.

4 | **Transforme les phrases avec** *ça* **ou** *cela*, **comme dans l'exemple.**

a) Le théâtre me passionne ! (ça) : Le théâtre, ça me passionne !

b) Elle adore la biologie ! (ça) :

c) Le journalisme ne m'attire pas. (cela) :

d) Je déteste manger au self ! (ça) :

e) Montrer du doigt ne se fait pas. (cela) :

LES BONS CONSEILS

N'oublie pas ! ***Ce qui*** est sujet du verbe (toujours à la 3ᵉ personne du singulier).

Il s'utilise principalement avec les verbes qui indiquent des émotions, des sentiments : *préoccuper, intéresser, passionner, énerver, inquiéter, plaire, faire rire / pleurer, rendre triste / heureux / mélancolique, ennuyer, attirer, surprendre, faire peur…*

---

5 | **Transforme les phrases avec** *ce qui*, **comme dans l'exemple.**

a) Le bruit, ça m'énerve. : Ce qui m'énerve, c'est le bruit !

b) Lire de la poésie , ça l'ennuie. :

c) Être en vacances, ça nous plaît. :

d) L'université, ça me fait peur ! :

e) Le métier d'acteur, ça t'attire. :

f) La pollution, ça nous inquiète. :

g) La traduction, ça me plaît. :

h) La pluie, ça me rend mélancolique. :

6 | **Complète les phrases avec** *ce qui* **ou** *ce que / qu'*.

a) Regarde : ce que : tu as fait !

b) Moi, : : je veux, c'est un métier passionnant !

c) Dis-moi : : te rend triste !

d) : : je suis en train de lire est très intéressant.

e) : : elle raconte est vraiment surprenant !

f) Demain c'est ton anniversaire, dis-moi : : tu veux faire.

g) : : m'inquiète, c'est l'absence de réponse pour ma candidature.

h) : : tu as peint est très joli !

i) Il ne sait pas : : il veut.

j) Raconte-moi : : tu as appris durant la journée des métiers.

Leçon 2 | EXPRIMER UNE QUANTITÉ

1 | Associe les phrases et complète avec *aucun/aucune*.

a) Paul n'aime pas lire.

b) Alex est nouveau dans l'immeuble.

c) Sabine est la meilleure élève de la classe.

d) Laura n'aime pas ce chanteur.

e) Victor est malade aujourd'hui.

f) Myriam a oublié son appareil photo.

• 1) Elle n'a .... CD de lui.

• 2) Elle n'a pris .... photo.

• 3) Il ne connaît .... voisin.

• 4) Il n'est allé à .... cours.

• 5) Il ne lit *aucun* livre.

• 6) Elle n'a .... mauvaise note.

2 | Dis la même chose avec *quelques*, *certain(e)s* ou *plusieurs*.

a) Je n'ai pas aimé les chapitres 4, 6 et 9 du livre.

> Je n'ai pas aimé certains chapitres du livre. .

b) C'est un grand cinéaste. Il a reçu une dizaine de prix.

c) Nous avons deux ou trois exercices de maths à faire pour la semaine prochaine.

d) Neuf filles de ma classe s'intéressent aux professions médicales.

e) Aujourd'hui, j'ai envoyé vingt mails pour le travail.

f) Il y a beaucoup de monde au salon, j'ai pu voir seulement trois professionnels.

LES BONS CONSEILS

N'oublie pas :

• **quelques** est ressenti comme plus restrictif que **plusieurs** : il renvoie à une quantité moins importante.

• **certain(e)s** implique que l'on sait de qui ou de quoi on parle.

3 | Complète les phrases avec *chaque*, *tout*, *toute*, *tous* ou *toutes*.

a) Je vais au collège en bus *tous* les jours.

b) Le professeur a donné un article sur les professions à .... élève.

c) Le maquettiste doit retoucher .... les photos du magazine.

d) La traductrice doit envoyer .... le manuscrit entier par mail avant 18 h.

e) La secrétaire est très occupée. Elle a répondu à des appels .... la journée.

f) L'architecte a dessiné les plans de .... la maison.

g) .... mes copains vont dans la même université que moi.

4 | Complète les hypothèses avec les verbes proposés à la forme qui convient.

a) Si j'aimais les maths, je (faire) .... des études de médecine.

b) Si tu comprenais mieux l'informatique, tu (aller) .... au salon Web2day.

c) Si elle était manuelle, elle (être) .... peintre.

d) Si vos parents acceptaient, vous (étudier) .... à Bordeaux l'année prochaine.

e) Si nous voulions faire de la musique en professionnel, nous (s'inscrire) .... au conservatoire de musique.

f) Si le projet était sérieux, ils (partir) .... en Australie pendant un an.

5 | Choisis entre les deux propositions et dis s'il s'agit d'une hypothèse dans le futur ou le présent.

a) Si tu fais ton stage avec ta mère,
☐ 1) tu n'apprendras rien.
☐ 2) tu n'apprendrais rien.

b) Si vous aviez un vélo,
☐ 1) vous participerez à la véloparade.
☐ 2) vous participeriez à la véloparade.

c) Si la météo était bonne,
☐ 1) nous ferons un pique-nique.
☐ 2) nous ferions un pique-nique.

d) S'il part à Londres,
☐ 1) il ira à l'université de Cambridge.
☐ 2) il irait à l'université de Cambridge.

e) Si elles avaient 18 ans,
☐ 1) elles passeront leur permis de conduire.
☐ 2) elles passeraient leur permis de conduire.

f) Si elle ment,
☐ 1) je le dirai à Emma.
☐ 2) je le dirais à Emma.

g) Si elle réussit son bac,
☐ 1) elle irait à l'université.
☐ 2) elle ira à l'université.

1 | Lis les bulles, choisis la réponse correspondante et fais une phrase avec *c'est pourquoi*, *donc* ou *alors*, comme dans l'exemple.

a) Mince ! Je n'ai que 10 euros !

b) On a perdu le match !

c) Je n'ai pas révisé régulièrement.

d) Hier soir, je me suis couché très tard !

e) Mon ordinateur ne fonctionne plus et je n'ai pas sauvegardé.

f) Je dois garder ma petite sœur!

- c'est pourquoi - être fatigué ce matin • c'est pourquoi - devoir tout apprendre en une journée
- c'est pourquoi - ne pas être qualifiés • donc - ne pas pouvoir aller au cinéma
- donc - ne pas pouvoir faire les soldes • alors - perdre tous ses documents

a) Donc tu ne peux pas faire les soldes !

b)

c)

d)

e)

f)

◆) 2 | Lis ces phrases et écoute les conséquences proposées pour chacune. Ensuite, coche la suite la plus logique.

Piste 24

	1	2
a) Mon père a perdu ses clés…	☐	☒
b) Il y avait très peu de lumière dans le parc…	☐	☐
c) Il fait très froid dehors…	☐	☐
d) Le film à la télé était vraiment nul…	☐	☐
e) Il y avait beaucoup de vent et la mer était forte…	☐	☐
f) Je n'ai pas reçu ton mail…	☐	☐

Phonétique

🔊 **3** | **Écoute les phrases et écris le bon mot.**

Piste 25

a) ⟨ Sa ⟩ secrétaire est très efficace ; ⟨   ⟩ l'aide beaucoup !

b) Malik et ⟨   ⟩ père ⟨   ⟩ ingénieurs dans la même entreprise.

c) ⟨   ⟩ directeur ⟨   ⟩ lève à 5 h tous les matins.

d) Cet informaticien ⟨   ⟩ travaillé ⟨   ⟩ la Silicon Valley.

e) Ce touriste ⟨   ⟩ laissé ses bagages ⟨   ⟩ l'hôtel.

f) ⟨   ⟩ sont les chansons ⟨   ⟩ a composées ?

g) ⟨   ⟩ enfants qui sont devant l'école sont ⟨   ⟩ élèves.

h) Il est bon ce melon ! Tu l'achètes ⟨   ⟩ ? À l'épicerie ⟨   ⟩ au marché ?

i) L'homme sur la photo, ⟨   ⟩ mon oncle. Il ⟨   ⟩ marié avec la sœur de ma mère.

j) Mes voisins ⟨   ⟩ des jeux vidéo super ! ⟨   ⟩ s'amuse bien, chez eux !

4 | **Choisis la deuxième partie de chaque phrase. Attention, il y a des intrus !**

• cependant il n'a pas eu la moyenne. • pourtant il n'est pas passionné de nouvelles technologies. • mais il a toujours mal à la tête. • pourtant elle n'a aucune copine. • pourtant je ne vais pas chez toi. • cependant il est gros.• mais elle est quand même venue en cours. • malgré ça il a eu 17 / 20. • pourtant elle n'est pas venue en cours. • malgré tout elle a déjà beaucoup de copains. • mais je vais chez toi quand même.

a) Vincent est webmaster, ⟨   ⟩

b) Il a bien appris sa leçon, ⟨   ⟩

c) J'ai beaucoup de devoirs à terminer, ⟨   ⟩

d) Béatrice est nouvelle au lycée, ⟨   ⟩

e) Lucile est malade, ⟨   ⟩

5 | **Transforme les phrases qui sont en langage soutenu en langage courant.**

a) Il habite en Italie depuis longtemps, cependant il ne parle pas italien.

⟨ *Il habite en Italie depuis longtemps, mais il ne parle pas italien.* ⟩

b) Ma mère est malade, elle a la grippe ; cependant elle va travailler.

⟨   ⟩

c) J'ai parfaitement compris la leçon, pourtant je n'arrive pas à faire l'exercice.

⟨   ⟩

d) Je n'aime pas beaucoup les activités manuelles, cependant je vais prendre des cours de sculpture.

⟨   ⟩

1 | Lis le texte et observe le grahique puis réponds aux questions.

PROJECTION DES EFFECTIFS DE L'ENSEIGNEMENT SUPÉRIEUR FRANÇAIS.

L'enseignement supérieur correspond à la période d'étude après le baccalauréat : établissements universitaires, écoles supérieures professionnelles, écoles d'ingénieurs. Certaines formations se déroulent au sein des lycées.

L'orientation des étudiants se fait, en général, en fonction de la série qu'ils ont choisie pour le bac. On peut différencier deux types de cursus : un cursus long où les études peuvent durer de trois à cinq ans voire plus (universités, écoles d'ingénieurs, écoles de commerce, etc.). Un cursus plus court en deux ans mais qui offre une insertion profesionnelle plus rapide : IUT (Institut universitaire de Technologie, STS (Section de Technicien Supérieur).

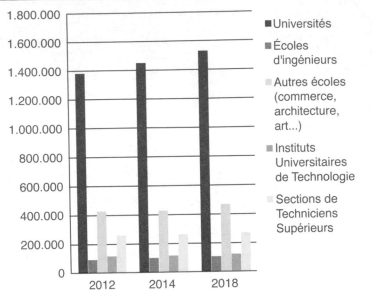

Source: MENESR - DGESIP - DGRI – SIES, avril 2015.

a) À quoi correspond l'enseignement supérieur ?

b) Quels sont les deux types de cursus d'enseignement supérieur en France ?

c) Quel cursus est choisi par le plus grand nombre d'étudiants en France aujourd'hui ? Et à l'avenir ?

d) À ton avis, comment peut-on expliquer l'augmentation continue du nombre d'étudiants dans les universités ?

e) L'enseignement va-t-il subir un grand changement en 2018 ? Justifie ta réponse avec le graphique.

f) Est-ce que dans ton pays il y a aussi deux cursus ?

Vocabulaire

LES PROFESSIONS

1 | Écris le nom de six professions au masculin et au féminin.

a) ....   d) ....

b) ....   e) ....

c) ....   f) ....

2 | Écris les verbes qui manquent.

a) Le chirurgien .... ses patients.

b) Le vendeur .... les clients.

c) Le secrétaire .... au téléphone et .... les rendez-vous.

d) Le développeur web .... en image des idées virtuelles.

e) L'architecte .... des plans.

Grammaire

LES PRONOMS DÉMONSTRATIFS NEUTRES

3 | **Complète avec** *ce qui* **ou** *ce que /qu'*.

a) .... nous intéresse, ce sont les films d'aventures.

b) Je n'ai pas compris .... il m'a demandé. Et toi ?

c) Tu peux répéter .... tu as dit ? Je n'écoutais pas…

d) .... me passionne, c'est l'histoire.

FAIRE DES HYPOTHÈSES

4 | **Complète les phrases en suivant les indications données.**

a) Si cela ne te (convenir) .... pas, tu (pouvoir) .... lui dire. (hypothèse sur le présent)

b) Si c'(être) .... son objectif, elle (réussir) .... (hypothèse sur le futur)

c) Si j'(avoir) .... cette opportunité, je la (saisir) .... (hypothèse sur le présent)

d) Si nous (signer) .... ce contrat, nous (avoir) .... des projets pour les cinq prochaines années. (hypothèse sur le futur)

Grammaire

LES ADJECTIFS INDÉFINIS

5 Choisis l'adjectif correspondant à chaque situation.

a) _____ élèves adorent la chimie. (Paul et Alex)

b) Il a invité _____ copains (3) mais _____ copine (0).

c) Nous partons _____ été à la montagne. (tous les étés)

LA CONCESSION

6 Choisis la fin correcte pour chaque phrase.

a) Il a beaucoup étudié,   •

• 1) cependant il a eu 18 / 20.

• 2) malgré ça il a eu 8 / 20.

b) Elle va au ciné avec ses amies,   •

• 1) cependant elles n'ont pas les mêmes goûts.

• 2) pourtant elles n'ont pas les mêmes goûts.

c) Il n'aime pas le sport,   •

• 1) mais il joue quand même au foot.

• 2) malgré ça il ne joue pas au foot.

LA CONSÉQUENCE

7 Relis les deux parties de chaque phrase.

a) J'ai trois devoirs à faire   •

• 1) c'est pour ça que nous allons à la piscine.

b) Il est très sociable   •

• 2) donc il a beaucoup d'amis.

c) Il fait chaud,   •

• 3) c'est pourquoi je veux être chercheur.

d) J'aime faire des expériences,   •

• 4) alors je ne vais pas sortir.

Phonétique

8 Choisis la réponse correcte.

a) Il *a/à* des parents *a/à* Bourges.

b) *Ce/Se* serpent *se/ce* déplace bizarrement.

c) *Ces/Ses* voitures sont à *ces/ses* cousins.

d) *On/Ont* a gagné ! Ils *on/ont* perdus !

e) *C'est/S'est* le tableau qui *c'est/s'est* vendu à plus de 5 millions d'euros.

f) *Son/Sont* oncle est avec Jean ? Mais où *son/sont*-ils ?

g) *Où/Ou* allons-nous ? Asie *où/ou* Amérique ?

○○ très bien
○● assez bien
●● pas très bien

Comprendre : écouter

○○ Je peux comprendre quelqu'un qui reprend une chose ou une idée à l'aide des pronoms démonstratifs neutres.

○○ Je peux comprendre quelqu'un qui fait des hypothèses sur le présent et le futur.

○○ Je peux comprendre quelqu'un qui exprime la conséquence.

○○ Je peux comprendre quelqu'un qui exprime la concession.

○○ Je peux comprendre quelqu'un qui exprime une quantité à l'aide d'adjectifs indéfinis.

○○ Je peux reconnaître les homophones grammaticaux.

Comprendre : lire

○○ Je peux lire et comprendre une conversation entre un professionnel du Web et des lycéens.

○○ Je peux lire et comprendre un dépliant sur les métiers du Web.

○○ Je peux lire et comprendre une lettre de motivation.

○○ Je peux lire et comprendre des tableaux et des graphiques sur le monde du travail.

○○ Je peux lire et comprendre un document sur les stages en entreprise.

Parler : prendre part à une conversation

○○ Je peux reprendre une chose ou une idée. *(Moi, ce qui m'intéresse, c'est l'histoire.)*

○○ Je peux exprimer une quantité. *(Il n'y a aucune personne qui s'appelle Durand, mais il y a plusieurs M. Dupond…)*

○○ Je peux faire des hypothèses sur le futur et sur le présent. *(S'il pleut alors on ira au cinéma. / Si je pouvais voyager, j'irais au Brésil.)*

○○ Je peux exprimer la conséquence. *(Il s'est disputé avec ses copains, c'est pour ça qu'il est triste.)*

○○ Je peux exprimer la concession. *(Elle a mal au genou, mais elle court quand même.)*

Parler : s'exprimer en continu

○○ Je peux parler de la profession qui m'attire le plus.

○○ Je peux parler des stages que j'aimerais faire.

○○ Je peux parler des études que j'aimerais faire.

○○ Je peux parler du monde du travail dans mon pays.

Écrire

○○ Je peux écrire un CV et une lettre de motivation.

○○ Je peux écrire des phrases qui contiennent des homophones grammaticaux.

Compétences culturelles

○○ Je découvre la vie professionnelle.

○○ Je découvre les stages en entreprise.

○○ Je découvre le monde du travail en France.

Aide-mémoire

REPRENDRE UNE CHOSE OU UNE IDÉE

– Moi, la chimie, **ça** me passionne !
   – Et moi, **ce qui** m'intéresse, c'est l'histoire.
– Et l'économie, **cela** intéresse quelqu'un ?

EXPRIMER UNE QUANTITÉ

– Je suis désolé, madame, mais il n'y a **aucune** personne qui s'appelle Durand.
   – Ah bon… Et M. Dupond ?
– Par contre, il y a **plusieurs** M. Dupond…

FAIRE UNE HYPOTHÈSE

– Sur le futur
   S'il fait beau, j'**irai** faire une balade à vélo.
– Sur le présent
   S'il faisait beau, j'**irais** faire une balade à vélo.

EXPRIMER LA CONSÉQUENCE

– Il s'est disputé avec ses copains, **c'est pour ça qu'**il est triste.

EXPRIMER LA CONCESSION

– Elle a mal au genou **mais** elle court **quand même**.

Grammaire

LES PRONOMS DÉMONSTRATIFS NEUTRES

- **Ceci / Cela** (formel) **/ Ça**
  La physique, **cela** ne m'intéresse pas.
  Travailler en groupe, j'adore **ça**.
- **Ce qui** = la chose qui (sujet)
  Dis-moi **ce qui** te rend triste.
- **Ce que** = la chose que (COD)
  Je ne comprends pas **ce qu'**elle veut.
- **Ce qui / que … c'est / ce sont** (mise en relief)
  Ce qui l'intéresse, **c'est** la littérature.
  Ce que je préfère, **ce sont** les sciences.

LES ADJECTIFS INDÉFINIS

- Quantité nulle : **aucun**, **aucune** (toujours au singulier)
  Je n'ai reçu **aucun** SMS aujourd'hui.
- Une petite quantité (plus de 2) : **quelques***, **plusieurs** (toujours au pluriel)
  Il y a **quelques** élèves dans la cour.
  J'ai écouté la chanson **plusieurs** fois.

  *quelques est ressenti comme plus restrictif que **plusieurs**.

- La totalité : **tout le, toute la, tous les, toutes les** et **chaque**
  Tous ces livres m'intéressent.
  Chaque profession a ses particularités.

L'HYPOTHÈSE

- Sur le futur : **si + présent + futur simple**
  Si elle veut être chirurgienne, **elle devra** travailler plus les matières scientifiques.
- Sur le présent : **si + imparfait + conditionnel présent**
  Si nous voulions des nouvelles de Pierre, nous lui **téléphonerions**.

LA CONSÉQUENCE

- **Donc, c'est pourquoi** (formel)
  Ce chirurgien est très bon, **donc** il a beaucoup de patients.
  Il est passionné de biologie ; **c'est pourquoi** il a choisi la recherche.
- **Alors, c'est pour ça que** (courant)
  Il fait très froid, **alors** je ne vais pas sortir.
  J'ai perdu mes clés, **c'est pour ça** que je n'ai pas pu rentrer chez moi.

LA CONCESSION

- **Cependant, pourtant** (formel)
  Ce chirurgien est renommé, **pourtant** il n'a pas beaucoup de patients.
  Il est passionné de biologie, **cependant** il fait des études de langues.
- **(Mais) Malgré ça, malgré tout, quand même** (courant)
  Il fait très froid, **malgré ça** elle sort / **mais** elle sort **quand même**.

Phonétique

- **Les homophones grammaticaux :** *à / a, ce / se, ces / ses, on / ont, ou / où, c'est / s'est, son / sont.*

5 Le Club des loisirs

Sorties du week-end

1 **a) Donne le nom des trois loisirs préférés des adolescents français.**

b) Et dans ton pays ? Quels sont les loisirs préférés des adolescents ?

2 **Relie les mots à leurs définitions.**

exposition   festival   place   site   association

a) Il peut concerner le cinéma, la musique, la danse... Il se déroule sur plusieurs jours.

b) Elle est nécessaire pour rentrer dans un musée, un spectacle, un événement sportif.

c) On peut aller y chercher des informations de toutes sortes.

d) Elle a lieu dans un musée ou une galerie. Elle est généralement de peinture ou de photo.

e) C'est un groupe de personnes qui s'unit pour faire des choses ensemble.

3 **Relis le dialogue de la page 92 de ton manuel.**
Coche Vrai ou Faux et justifie ta réponse si c'est faux.

a) Sohan a gagné des places pour une exposition.　☐ Vrai　☐ Faux

b) Charlie connait l'association qui organise l'exposition.　☐ Vrai　☐ Faux

c) Aurélien ne veut pas passer du temps avec ses amis.　☐ Vrai　☐ Faux

d) Romane propose d'aller voir des films.　☐ Vrai　☐ Faux

e) Sohan est très content d'aller au festival de court métrage.　☐ Vrai　☐ Faux

4 Lis le site Internet de la page 92 puis lis les profils de Quentin, Sarah et Arnaud. Propose-leur des activités qui leur conviennent.

Quentin

Centres d'intérêt

- préoccupé par son avenir
- l'art
- le sport

Sarah

Centres d'intérêt

- le sport
- le cinéma
- l'écriture

Arnaud

Centres d'intérêt

- les arts de la rue
- le cinéma
- découvrir la ville de manière originale

5 Lis le texte et réponds aux questions.

Lire en short,
Aimes-tu lire en short ?

Du 17 juillet au 31 juillet dernier, a eu lieu la première édition de la grande fête de la littérature jeunesse : « Lire en short ». Cette initiative a pour but d'amener la lecture et le livre sous toutes ses formes vers le public adolescent et jeune adulte (15 – 24 ans) et de le trouver là où il est, en vacances ! En effet, même si les adolescents et les jeunes adultes français sont lecteurs comme les adultes, la dernière enquête Ipsos, réalisée en mars 2015 pour le Conseil National du Livre, montre que le public jeune lit de moins en moins de livres (- 45 %). Au programme de cet été, plus de 1200 événements dans toute la France avec des lectures publiques, des bibliothèques hors les murs, des ateliers d'écriture sur les plages ou dans les parcs, des expositions autour du livre, des siestes littéraires et musicales. Rien n'a été imposé aux jeunes qui ont eu la liberté de choisir ce qu'ils souhaitaient lire pour que la lecture redevienne un pur plaisir !

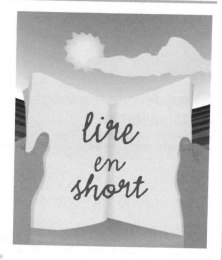

a) Explique le titre « Lire en short » de cette fête littéraire.

b) Pour quelle raison cette fête est principalement orientée vers la jeunesse ?

c) Pour toi, quelles sont les activités proposées les plus originales ? Justifie tes choix.

d) Et toi, tu lis beaucoup pendant les vacances ? Quel genre de lecture ?

Leçon 1 | EXPRIMER LE BUT, LA VOLONTÉ

1 Complète les message de Sohan et de ses amis.

| concert | théâtre | passer du temps | faire la fête |

| dans un parc d'attraction | aller voir une exposition | assister à un match |

Sohan

Salut ! Alors on fait quoi ce week-end ?
Aurélien nous propose de _____
pour l'anniversaire de son cousin.
Moi, j'aimerais _____ avec vous !
Dites-moi !
11:00 ✔

Emma

Je suis d'accord pour l'anniversaire.
Cet après-midi, je vais _____ au
musée d'art contemporain à 14h. Est-ce que
quelqu'un est intéressé ? 😀
12:00 ✔

Charlie

Salut ! Moi je suis bloquée à la maison ! 😟
Mes cousins sont là et on va _____
parce qu'ils adorent les manèges et les
attractions qui font peur !
12:03 ✔

Faustine

Je connais le cousin d'Aurélien, et il est super
sympa, moi ça me dit bien d'aller faire la fête !
Au fait, j'ai une place pour _____ de
handball demain soir.
Qui veut m'accompagner ?
11:10 ✔

Zoé

Moi je vais au _____ avec mes
parents. Demain soir, c'est le _____
du groupe de rock du collège.
Vous venez ?
12:10 ✔

2 Tu reçois ces messages. Réponds en proposant d'autres activités et utilise les mots suivants.

| faire une rando-roller | cinéma | festival | exposition |

3 Complète le tableau en conjuguant les verbes au subjonctif présent.

	aller	faire	pouvoir	venir	être	avoir
Tu						
Romane et moi						
Charlie et toi						
Aurélien et Sohan						
Romane						
Moi						

4 | Associe les phrases et conjugue les verbes au subjonctif présent.

a) Je vous ai envoyé la programmation du festival •

b) Nous les avons appelés •

c) Je t'aide pour ton exposé •

d) Tu as insisté •

• 1) afin qu'ils (acheter) [_____] rapidement leurs places de concert.

• 2) pour qu'elle (réfléchir) [_____] à ta proposition.

• 3) afin que tu (ne pas finir) [_____] trop tard.

• 4) pour qu'on (se mettre) [_____] d'accord pour le week-end prochain.

5 | Quel est le souhait de ces personnes ? Utilise les structures suivantes :
vouloir (au présent) *que/qu'*, *aimer / vouloir* (conditionnel) + subjonctif.

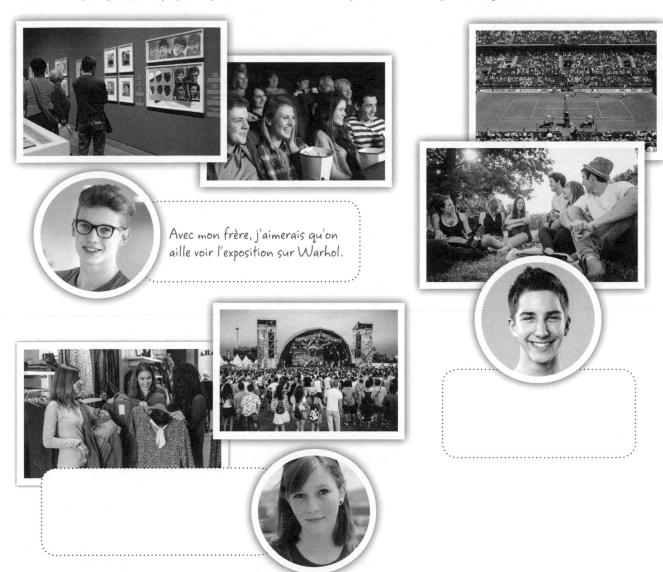

Avec mon frère, j'aimerais qu'on aille voir l'exposition sur Warhol.

6 | Écris cinq souhaits (pour tes amis, la planète, la société, etc.) et justifie-les.

J'aimerais que les gens fassent plus attention à la planète afin qu'on la conserve pour les générations futures.

1 | **Conjugue les verbes au conditionnel passé.**

a) rentrer

  je serais rentré

b) voir

c) aller

d) faire

e) partir

f) lire

g) arriver

h) finir

i) venir

j) être

k) avoir

l) pouvoir

m) sortir

n) rester

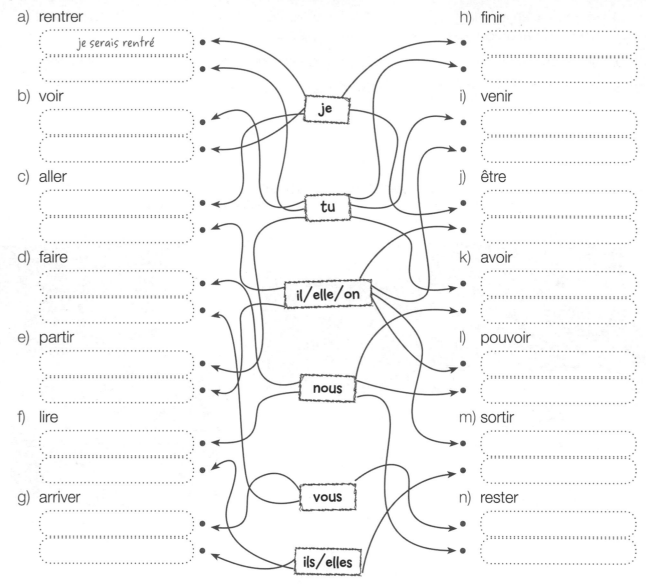

je

tu

il/elle/on

nous

vous

ils/elles

2 | **Conjugue les verbes au plus-que-parfait.**

a) J'ai fait tomber mon téléphone dans la salle de cinéma et quand je suis revenue quelqu'un l'(trouver) .... et (déposer) .... à l'accueil.

b) Nous sommes arrivés trop tard au concert et ils (fermer) .... les portes de la salle donc on ne pouvait plus entrer.

c) Des volontaires sont venus pour nous aider. Nous (monter) .... les scènes puis nous (installer) .... les barrières et enfin nous (préparer) .... les sandwichs.

d) J'ai appelé Sophie pour lui proposer de passer l'après-midi ensemble, mais elle (sortir) ....

LES BONS CONSEILS

On utilise le plus-que-parfait avec le conditionnel passé dans les hypothèses quand on parle d'actions non réalisées dans le passé. *Si **j'avais su**, **j'aurais** travailler plus.*

3 | Conjugue les verbes au plus-que-parfait ou au conditionnel passé.

a) Heureusement qu'il (mettre) .... des protections pour les genoux car il (pouvoir) .... se faire très mal en tombant en roller.

b) Si le professeur nous (dire) .... d'envoyer nos CV aux entreprises en janvier nous l'(faire) .... et nous ne serions pas sans stage au mois de mars.

c) Si nous (arriver) .... à 19h30 nous (voir) .... nos amis.

d) Tu n'as pas prévenu que tu n'assistais pas à l'atelier ? Tu (devoir) .... parce qu'ils (pouvoir) donner ta place à quelqu'un d'autre.

4 | Lis ces témoignages d'adolescents. Qu'est-ce que tu aurais fait à leur place ?

http://www.forumclubados.com

a) J'ai menti à mes parents sur mes notes pour qu'ils me laissent sortir avec mes amis. Le bulletin de notes est arrivé et c'est une catastrophe !
Qu'est-ce que j'aurais dû faire ?

Moi, si j'avais été à ta place....

b) Je fais partie de l'équipe de volley du lycée, mais j'ai été exclu pour les deux prochains matchs. Je n'ose pas le dire à mes parents, mais ils veulent absolument venir me voir jouer au prochain match ! J'aurais dû leur avouer ?

c) Mon frère a de super rollers, mais il ne veut jamais me les prêter. Je les lui ai pris sans sa permission et je les ai abimés. Je les ai cachés en sachant que ce n'est pas une solution, mais qu'est-ce que j'aurais pu faire ?

d) Hier par chat, ma meilleure amie m'a proposé d'aller à une fête organisée par une fille que je déteste. J'ai refusé et je lui ai dit tout le mal que je pensais de cette fille… sans voir qu'elle était dans la conversation ! Ce matin au lycée, elle est venue me voir mais je n'ai rien dit. Qu'est-ce que j'aurais dû répondre ?

1 | **Lis les phrases suivantes et coche la forme passive.**

a) Le court métrage des 2^{nde}B n'a pas remporté le prix du Festival Court-Métrage Ados.

☐ Le prix du Festival Court-Métrage Ados n'aura pas été remporté par le court métrage des 2^{nde}B

☐ Le prix du Festival Court-Métrage Ados n'a pas été remporté par le court métrage des 2^{nde}B

b) La ville a reversé les bénéfices du concert de charité aux associations.

☐ Les bénéfices du concert de charité ont été reversés aux associations par la ville.

☐ Les bénéfices du concert de charité ont été reversés à la ville par les associations.

c) Les centres sociaux ont proposé des activités aux jeunes qui ne partaient pas en vacances cet été.

☐ Les jeunes qui ne partaient pas en vacances cet été ont été proposés pour des activités dans les centres sociaux.

☐ Des activités ont été proposées par les centres sociaux aux jeunes qui ne partaient pas en vacances cet été.

d) Les élèves du lycée ont entièrement fait le film. La classe de seconde a créé et enregistré la musique, et la classe de terminale ont réalisé le montage.

☐ Le film a été entièrement fait par les élèves du lycée. La musique a été créée et enregistrée par la classe de seconde et le montage a été réalisé par la classe de terminale.

☐ Le film est entièrement fait par les élèves du lycée. La musique et le montage ont été faits par la classe seconde et la classe de terminale.

2 | **Lis le texte et transforme-le à la voix active.**

Panique chez les commerçants à Nantes !

Que s'est-il passé cette nuit ? Une chose étonnante a été découverte ce matin par les commerçants et les habitants d'un quartier de Nantes. Toutes les enseignes des magasins et des restaurants ont été retournées et posées à l'envers par les équipes du *Voyage à Nantes*.
Cette opération artistique « l'art nous fait tourner la tête » et humoristique s'inscrit dans le cadre du *Voyage à Nantes*. Chaque été depuis 2012, à l'occasion de cet événement artistique, la ville est transformée par des artistes internationaux et farfelus. Les visiteurs sont invités à suivre un parcours dans la ville pour découvrir des œuvres d'arts dans l'espace public, les musées, etc.

3 | Mets les phrases à la forme passive.

En 1894, Pierre de Coubertin a créé le Comité international olympique.

Le Futuroscope propose des attractions qui mélangent des approches sensorielles et des projections d'images.

En 1983, le président de la République, François Mitterrand, inaugure la pyramide du Louvre.

L'édition 2014 du Goncourt des lycéens a récompensé *Charlotte* de David Foenkinos.

Tous les ans lors du festival de Cannes, un jury composé d'artistes du monde entier attribue la Palme d'or au meilleur film.

En 2020, Dubaï organisera l'exposition universelle avec pour thème «Connecter les esprits, construire le futur».

Phonétique

🔊 **4** | **a) Écoute et dis si tu entends le son [ɛ] une fois, deux fois ou trois fois.**
Piste 26

	1 fois	2 fois	3 fois
1.			
2.			
3.			
4.			

b) Écoute à nouveau et écris les phrases.

1 | **Lis ce test de bonne conduite avec l'arbitre et coche la bonne réponse.**

a) Quand l'arbitre arrive :
- [ ] je ne le regarde pas.
- [ ] je l'accueille et je lui dis bonjour.

b) Avant et surtout après le match :
- [ ] je serre la main de l'arbitre.
- [ ] je ne lui parle pas.

c) Je pense que l'arbitre a fait une erreur :
- [ ] je vais lui dire qu'il a tort.
- [ ] j'accepte sa décision.

d) J'ai un conflit sur le terrain :
- [ ] je vais en parler directement avec l'arbitre.
- [ ] j'en parle à mon capitaine : c'est à lui de dialoguer avec l'arbitre.

e) Pour aider l'arbitre dans ses décisions :
- [ ] je ne fais rien ce n'est pas mon rôle.
- [ ] je fais attention à mon comportement.

2 | **Lis le texte et réponds aux questions.**

Les sections sportives à filière arbitrage

En France, les jeunes passionnés par le sport et l'arbitrage peuvent les pratiquer dans le système scolaire. Le recrutement se fait à la fin de la 3e ou quelquefois de la 2nde. D'abord, il y a une journée de sélection. Les jeunes y sont évalués en situation de match comme joueur puis en tant qu'arbitre. Ils passent des tests physiques et un entretien de vingt minutes avec un jury. S'ils sont sélectionnés, ils entrent dans un établissement scolaire proposant une section sportive à filière arbitrage.

L'objectif de la formation est de réussir sa scolarité avec l'obtention du baccalauréat et atteindre après deux ou trois ans de formation spécialisée sur l'arbitrage, le plus haut niveau régional. Cela permet aux jeunes de passer le concours de Jeune Arbitre de la Fédération dont la limite d'âge est de 23 ans. Ce n'est qu'avec ce concours en poche que les jeunes peuvent devenir arbitre professionnel.

a) Quels sont les objectifs de la formation ?

b) Quelles sont les étapes de la sélection pour entrer dans une section sportive à filière arbitrage ?

c) Quelle est la condition pour devenir arbitre professionnel ?

Vocabulaire

LES LOISIRS

1 | Retrouve dix mots en rapport avec les loisirs.

O	R	P	L	U	H	A	A	X	O	B	E	R	E	T	G	R	H
P	D	E	X	P	O	S	I	T	I	O	N	O	S	H	J	P	F
E	C	U	I	I	F	E	S	T	I	V	A	L	T	E	R	R	E
U	I	R	N	T	B	C	K	D	E	R	T	L	I	A	D	I	T
T	N	I	E	R	L	I	R	E	V	Y	U	E	V	T	I	S	E
P	E	S	M	A	T	C	H	C	O	L	E	R	A	R	F	E	R
R	M	J	A	T	R	S	H	O	P	P	I	N	G	E	W	V	Z
Q	A	D	S	C	O	N	C	E	R	T	X	D	F	K	L	B	X

Grammaire

LE SUBJONCTIF

2 | Conjugue les verbes au subjonctif présent.

a) Elle te prête ses notes pour que tu (pouvoir) .... réviser pour l'examen de lundi.

b) J'aimerais que tous mes amis (venir) .... me voir jouer dans la pièce de théâtre.

c) Il voudrait que ses parents (l'emmener) .... à Disneyland.

d) Tu m'accompagnes afin que je (ne pas se tromper) .... de chemin ?

e) Nous voudrions que tu (faire) .... une activité sportive.

f) Il parle lentement afin qu'ils (comprendre) .... bien la règle de grammaire.

LE CONDITIONNEL PASSÉ

3 | Conjugue les verbes puis relie les phrases.

a) J' (vouloir) .... voir ce groupe •

b) Tu (devoir) .... prendre •

c) Ils (pouvoir) .... m'appeler •

d) Nous (préférer) .... voir •

e) Vous (sortir) .... faire la fête •

• 1) sans autorisation ?

• 2) l'exposition plutôt que le film.

• 3) quand il est passé en concert.

• 4) pour le pique-nique.

• 5) une place pour moi aussi.

LE PLUS-QUE-PARFAIT

4 | **Conjugue au plus-que-parfait.**

a) Nous (venir) .... uniquement pour voir la pièce de théâtre.

b) Ils (faire) .... ce voyage l'année dernière.

c) Elle (abandonner) .... le métier d'actrice quand ils lui ont proposé le rôle.

d) Tu (travailler) .... dans cette entreprise auparavant ?

e) J'(sortir) .... quand il a appelé.

L'HYPOTHÈSE

5 | **Exprime un regret ou un reproche comme dans l'exemple.**

Sa famille n'est pas venue. → Il aurait voulu les voir.

a) Ils sont arrivés en retard. ....

b) Il y a eu peu de visiteurs à l'exposition. ....

c) Nous avons raté le train. ....

d) Tes parents ont confisqué ton portable. ....

LA VOIX PASSIVE

6 | **Mets les phrases à la voix passive.**

a) Le parc du Futuroscope a inauguré une nouvelle attraction en 3D ce week-end.

....

b) Le lycée publiera les résultats du baccalauréat à la fin de la semaine.

....

c) Les jeunes utilisent les manuels numériques pour l'ensemble des cours.

....

d) Les amis d'Emma l'ont invitée au cinéma.

....

Phonétique

🔊**7** | **Écoute et coche quand tu entends le mot qui contient le son [ɛ].**
Piste 27

1.	2.	3.	4.	5.	6.	7.
☐/☐	☐/☐	☐/☐	☐/☐	☐/☐	☐/☐	☐/☐

○○ très bien
○● assez bien
●○ pas très bien

Comprendre : écouter

○○ Je peux comprendre quelqu'un qui organise une sortie.
○○ Je peux comprendre quelqu'un qui exprime un but, une volonté à l'aide du subjonctif.
○○ Je peux comprendre quelqu'un qui fait un reproche dans le passé.
○○ Je peux reconnaître le son [ɛ̃] de *ma**in**tenant, de fr**ein**, de s**im**ple, de **in**telligent, de f**aim***.

Comprendre : lire

○○ Je peux lire et comprendre un site qui propose des sorties, des activités.
○○ Je peux lire et comprendre un texte sur une randonnée VTT.
○○ Je peux lire et comprendre des témoignages d'adolescents sur leurs loisirs.
○○ Je peux lire et comprendre un texte sur l'arbitrage.
○○ Je peux lire et comprendre un texte sur un sport collectif.

Parler : prendre part à une conversation

○○ Je peux parler de mes loisirs et de ceux de mes camarades. (Ce week-end, je vais voir une exposition sur le street art.)
○○ Je peux exprimer un but, une volonté en utilisant le subjonctif. (Mes parents voudraient que je fasse plus de sports.)
○○ Je peux exprimer un regret et un reproche. (Il pleut, j'aurais dû prendre mon parapluie.)
○○ Je peux exprimer un regret et un reproche sur une hypothèse dans le passé. (Si j'avais gagné ce concours, j'aurais eu des entrées gratuites pour le concert !)
○○ Je peux discuter avec quelqu'un d'événements culturels. (On peut aller au cinéma.)
○○ Je peux prononcer le son [ɛ̃] de *ma**in**tenant, de fr**ein**, de s**im**ple, de **in**telligent, de f**aim***.

Parler : s'exprimer en continu

○○ Je peux parler de mes activités et de mes loisirs.
○○ Je peux exprimer le but, la volonté.
○○ Je peux faire des reproches dans le passé.
○○ Je peux présenter un sport collectif ainsi que ses règles de jeu.

Écrire

○○ Je peux rédiger un texte dans lequel j'exprime des regrets et des reproches.
○○ Je connais les différentes graphies du son [ɛ̃] de *ma**in**tenant, de fr**ein**, de s**im**ple, de **in**telligent, de f**aim***.
○○ Je peux rédiger un billet de blog pour parler et donner mon opinion sur des événements culturels.

Compétences culturelles

○○ Je peux lire et comprendre un texte sur des sections sportives et artistiques dans le système scolaire français.
○○ Je peux lire et comprendre un texte sur des initiatives qui impliquent les lycéens dans le cinéma et la littérature.
○○ Je peux lire et comprendre un texte qui parle des initiatives solidaires d'adolescents.

Aide-mémoire

EXPRIMER UN BUT, UNE VOLONTÉ

– **Je te prête ma tablette pour que** tu **retouches** tes photos.
– **Ils aimeraient que** tu **viennes** à leur fête.

EXPRIMER UN REGRET, UN REPROCHE

– Nous **aurions voulu** voir ce film.
– Vous **auriez dû** venir en cours !

EXPRIMER UN REGRET, UN REPROCHE (2)

– Si j'**avais** vu la programmation du festival, j'**aurais acheté** des places tout de suite car maintenant il n'y en a plus.

METTRE EN AVANT LE RÉSULTAT D'UNE ACTION

– Cette fête surprise a été organisée par ses amis.

LE SUBJONCTIF

- Pour exprimer le but
  Pour que/qu' , afin que/qu' + subjonctif
  Je te prête mon vélo **pour que** tu **ailles** en ville.

- Exprimer une volonté, un désir
  Vouloir que/qu' (au présent) + subjonctif
  Je veux que tu viennes.

  Aimer/vouloir que/qu' (au conditionnel) + subjonctif
  Elle aimerait que je l'appelle.
  Ils voudraient que tu restes.

LE CONDITIONNEL PASSÉ

Il se forme avec les auxiliaires **être** et **avoir** au conditionnel présent suivi du verbe au participe passé.

avoir → j'aurais eu   aller → je serais allé
faire → j'aurais fait   vouloir → j'aurais voulu

- Pour exprimer un regret
  J'aurais voulu assister au festival de rock.

- Pour exprimer un reproche
  Tu aurais dû le dire à tes parents. Maintenant c'est trop tard !

LE PLUS-QUE-PARFAIT

On utilise le plus-que-parfait dans le passé pour dire qu'une action est arrivée avant l'autre.

Il se forme avec l'auxiliaire **être** ou **avoir** à l'imparfait + **participe passé.**
Tu lui **avais dit** de ranger sa chambre, il l'a fait.

- Hypothèse dans le passé.

  si + **plus-que-parfait** + **conditionnel passé.**

  Si j'**avais eu** plus de temps, je **serais resté** pour le dernier concert.

LA VOIX PASSIVE

Le verbe à la forme passive se conjugue toujours avec l'auxiliaire **être** et un participe passé. Le temps verbal est indiqué par l'auxiliaire **être** et le participe passé s'accorde en genre et en nombre avec le sujet.

Le professeur écrit **le devoir.**
→ **Le devoir** est écrit **par le professeur.**
Les élèves organiseront **le concert du lycée.**
→ **Le concert du lycée** sera organisé **par les élèves.**
L'équipe favorite a perdu **le match.**
→ **Le match** a été perdu **par l'équipe favorite.**

- **Le son [ɛ] :**
- ain → m**ain**tenant, dem**ain**
- ein → **frein**, p**ein**ture
- im → s**im**ple, **im**peccable
- in → lap**in**, **in**telligent

6 Des choses à dire !

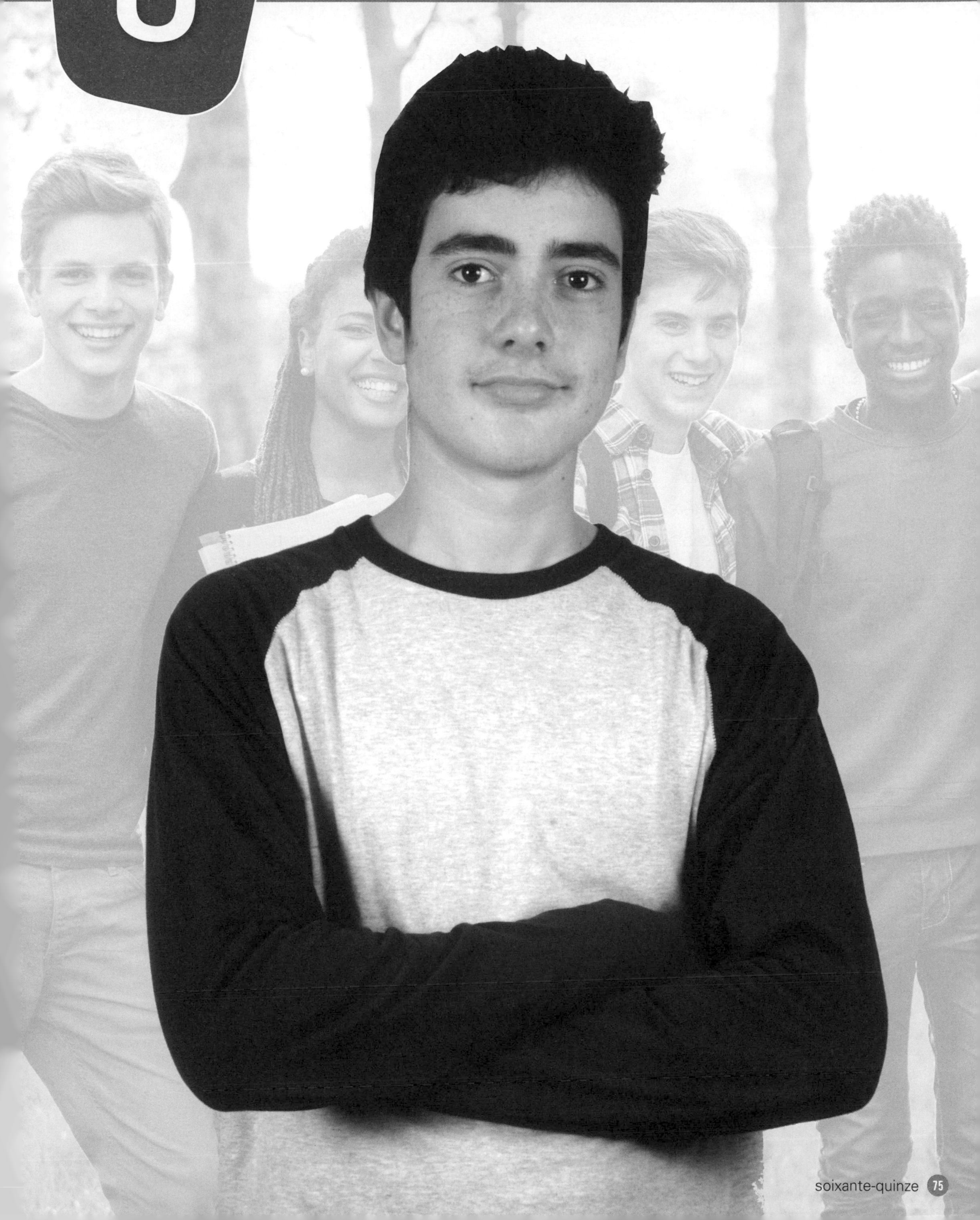

Au milieu de la foule

🔊 **1** | Complète le dialogue avec les mots de la liste.
Ensuite, écoute et vérifie.

Piste 28

a) signent   d) demanderais   g) aurait dû commencer

b) celui   e) les voilà   h) premier rang

c) ça fait   f) j'en ai marre   i) nouvel

Marie ▸ C'est long ! ☐ d'attendre !! Le concert devait commencer à 21 h !

Sophie ▸ Oui c'est vrai. ☐ quarante-cinq minutes que le concert ☐ !

Marie ▸ En plus, on est arrivées en avance pour avoir des places au ☐ !

Sophie ▸ Il y a beaucoup de monde. On commence à être serrées.

Marie ▸ Regarde, ☐ !

Sophie ▸ Oh non ! Je ne les vois pas bien, ☐ qui est devant moi est trop grand !
Qu'est-ce que je fais ?

Marie ▸ À ta place, je lui ☐ de se pousser un peu.

Sophie ▸ J'espère qu'ils vont chanter toutes les chansons de leur ☐ album ! C'est celui
que je préfère.

Marie ▸ J'aimerais bien qu'ils ☐ des autographes après le concert !

2 | Écris un nouveau dialogue : deux membres du groupe sont dans les coulisses
un peu stressés avant le concert.

3 | Voici un article sur le concert. Remets les phrases dans l'ordre.

☐ **Samedi soir, le groupe Toflent a enflammé la scène du Club Musik Festival.**

☐ **Plusieurs heures avant le concert, une foule enthousiaste attendait devant l'entrée.**

☐ **La pluie qui était tombée toute la journée a fait craindre le pire aux organisateurs qui ont failli annuler le concert.**

☐ **Le groupe a assuré une performance de plus de deux heures devant 40 000 fans.**

☐ **Le groupe a présenté son dernier album sans oublier de reprendre ses plus grands tubes.**

☐ **Après le concert, les membres du groupe, toujours très proches de leur public, ont salué leurs fans et dédicacé des albums.**

🔊 1 Retrouve les répliques de Claire. Ensuite, écoute et vérifie.
Piste 29

Elsa ▶ Oh non ! C'est pas vrai, où est mon portefeuille ? On me l'a volé !

Claire ▶ ☐

Elsa ▶ Non, je ne le trouve pas.

Claire ▶ ☐

Elsa ▶ Non il n'y est pas. Qu'est-que je vais faire ? Il y a tout mon argent de poche dedans pour faire du shopping.

Claire ▶ ☐

Elsa ▶ Je ne pense pas.
Claire ▶ ☐

Elsa ▶ Eh bien, ce matin, j'ai acheté mon ticket de métro, après on est allé prendre un sandwich... On a dû me le voler quand on attendait pour essayer les robes... Il y avait tellement de monde !

Claire ▶ ☐

Elsa ▶ Et si quelqu'un me l'a volé ?

Claire ▶ ☐

Elsa ▶ D'accord. Heureusement que tu es là. J'aurais dû faire plus attention !

1) Où tu étais la dernière fois que tu l'as utilisé ?
2) Tu l'as peut-être juste fait tomber.
3) Et bien, on ira au commissariat pour faire une déclaration de vol.
4) Attends, attends, ne panique pas ! Réfléchis...
5) Tu es sûre ? Regarde bien dans ton sac !
6) On va aller voir à l'accueil du magasin si quelqu'un l'a rapporté.

2 Une personne agoraphobe est une personne qui a peur des grands espaces et des lieux publics. Donne des conseils comme dans l'exemple.

Exemple : Prends toujours avec toi un téléphone portable pour appeler en cas de problème !

a) Tu peux

b) Je te conseille

c) Tu devrais

d) Tu pourrais

e) À ta place, je

Dans la nature

🔊 **1** | Écoute et coche les activités réalisées par le groupe de jeunes.

Piste 30

2 | Maintenant, imagine que tu es le moniteur et propose un programme pour la semaine, puis présente-le à tes camarades.

 **Programme**

	1er jour	2e jour	3e jour	4e jour
matin				
après-midi				

🔊 1 | Écoute et lis le dialogue. Écris les signes de ponctuation.

Piste 31

Jean	▸ Antoine :....: Qu'est-ce que tu fais :....:
Antoine	▸ Je regarde des films sur Internet :....:
Jean	▸ On va faire une balade en vélo :....: Ça te dit :....:
Antoine	▸ J'ai pas envie :....: Je préfère rester au centre :....:
Jean	▸ T'es vraiment pas drôle :....: En plus, il fait un temps magnifique :....: Tu veux faire une autre activité :....: De la randonnée :....: du kayac :....:
Antoine	▸ Non merci :....: Je veux juste être tranquille :....:
Jean	▸ Ah la la, elle a raison Clémence quand elle dit :....: :....: Antoine :....: de toute façon :....: il ne veut jamais rien faire :....:
Antoine	▸ Clémence a dit ça :....: Vraiment :....:

2 | Lis le texte et réponds aux questions.

SEJOUR SUR LA CÔTE ARMORICAINE

Un séjour de 8 jours / 7 nuits sur la côte armoricaine au départ de Rennes pour découvrir cette côte bretonne. Hébergement en auberge de jeunesse. Accompagnement de qualité, ambiance conviviale avec guides locaux qualifiés.

Au programme de notre séjour, à pied, en bus ou en bateau, nous partirons à la découverte de la côte de Granit rose, des îles de Batz et de Bréhat, quelques-uns des plus beaux lieux de la Bretagne. Nous passerons 2 jours et 1 nuit dans la réserve naturelle du Venec dans des Monts d'Arrée et nous découvrirons la richesse du patrimoine naturel et culturel de cette région.

Île de Bréhat

Île de Batz

Côte de granit rose

En complément de ces sorties, du temps libre pour flâner dans les rues animées, prendre le soleil, mais aussi du temps d'animations diverses, de jeux, de projets collaboratifs de valorisation du patrimoine !

Bref, une semaine de nature, de surprises, de rencontres et de bonne humeur !

Inscriptions :

Dès maintenant et avant le 15 juin. Dossier d'inscription téléchargeable sur le site: www.séjourclubados.fr

a) Quelle région française ce séjour propose-t-il de découvrir ? :................:

b) Connais-tu les auberges de jeunesse ? Fais des recherches. :................:
   Est-ce que cela existe dans ton pays ? :................:
   :................:

c) Quels types d'activités propose ce séjour ? :................:

d) À ton avis, en quoi consistent « Les projets collaboratifs de valorisation du patrimoine »? :................:
   :................:

e) Est-ce que tu aimerais participer à un séjour comme celui-ci ? :................:
   :................:

Au téléphone

1 Écoute et mets les informations dans l'ordre.

Piste 32

☐ La personne qui parle au téléphone va partir en week-end.

☐ Le week-end est une surprise.

☐ Ça fait longtemps que la personne est au téléphone.

☐ La personne au téléphone organise une journée entre amis.

☐ La date du week-end.

☐ La personne qui écoute la conversation n'entend pas bien.

2 Écoute de nouveau et réponds aux questions.

Piste 32

a) Dans quelle pièce de la maison se trouve la personne au téléphone ?

b) Pour quelles raisons la personne qui écoute la conversation n'entend pas bien ?

c) Où et quand le week-end va-t-il avoir lieu ?

d) Pourquoi la personne qui écoute la conversation n'est pas contente ?

e) Que comprend la personne qui écoute à la fin de la conversation ?

3 Tu es invité à l'anniversaire. Tu écris un mail pour accepter l'invitation et pour demander des précisions sur l'organisation (lieu, jour, heure, nourriture, logement). Tu fais des propositions.

1 Lis le dialogue et remets les phrases dans l'ordre. Ensuite, écoute et vérifie.

Piste 33

☐ *Léa* ▸ Merci Paul !

☐ *Paul* ▸ Oui bien sûr ! Désolée. Je publie souvent des photos de mes amis sans leur demander... et c'est vrai que ça fait longtemps que je n'ai pas vérifié les paramètres de sécurité de mon profil.

☐ *Paul* ▸ Je ne vois pas quel est le problème. Tu es très bien sur ces photos !

☐ *Léa* ▸ Salut Paul, oui ça va !

☐ *Léa* ▸ J'ai vu que tu avais posté sur Facebook des photos de nous à ton anniversaire...

☐ *Paul* ▸ Oui ! Elles sont bien, non ?

☐ *Léa* ▸ Tu aurais pu nous demander si nous étions d'accord avant. Tu crois pas ?

☐ *Paul* ▸ Ce sont juste des photos...

☐ *Paul* ▸ Salut Léa, ça va !

☐ *Léa* ▸ Elles sont très sympas tes photos, c'est sûr, mais j'ai vu que ton profil n'est pas bien sécurisé, et tout le monde a accès à tes photos.

☐ *Léa* ▸ Oui, peut-être, mais je n'ai pas envie que tout le monde voie des photos de moi. Je fais toujours très attention à ce qui se publie sur mon profil Facebook ; photos, commentaires... Tu peux supprimer les photos où on me voit s'il te plaît ?

2 Voici un message SMS. Réécris correctement les mots abrégés.

Slt (*Salut*) Jérémy ! Tu vas **bi1** ( ) ? Je t'ai appelé plusieurs fois, mais **CT** ( ) toujours **OQP** ( ). **Kestufé** ( ) ce **WE** ( ) ? Moi, je vais avec mes parents au bord d'**1** ( ) lac. **C trankil** ( ), on peut faire plein de trucs. Tu veux pas venir?

15:22 ✔

Avec tes parents ? Lol !

15:25 ✔

En + ( ), on pourra faire de la **muziq** ( ), **G** ( ) pris ma guitare ! **G** ( )demandé à mes parents, ils sont **ok** ( ) ! On se retrouve chez toi ?

15:28 ✔

a+ ( ) !

15:30 ✔

En ville

🔊 1 | Complète le monologue avec les mots de la liste. Ensuite, écoute et vérifie.

Piste 34

froid   vêtements   marcher   avant   attendre

demain   nulle   rentre   m'ennuie   annule

avance   pantalons   habite   appeler   fleuriste

« Seulement 10 heures ! Oh la la ! J'ai une heure
d'⟨ *avance* ⟩… Bon, je fais quoi ? Je ⟨   ⟩ à la
maison et je reviens ? Bof… non, j'⟨   ⟩ trop loin, je vais ⟨   ⟩. Voyons…
Qu'est-ce qu'il y a dans le coin ? Un ⟨   ⟩ pas terrible ; une boulangerie… Tiens, un
magasin de ⟨   ⟩, je vais regarder un peu. Bof, c'est pas du tout mon style, ça.
Les ⟨   ⟩ sont vraiment moches. Ah, ils ont des sweats aussi ? Ah non, horribles.
Elle est ⟨   ⟩ cette rue ! Je ⟨   ⟩ ! En plus, il fait un peu ⟨   ⟩…
Je vais ⟨   ⟩ jusqu'au bout de la rue pour voir ce qu'il y a… Quelle heure est-il ?
Oh non, il n'est même pas 10 h 10 ! Bon, je vais ⟨   ⟩ David pour voir s'il peut venir
⟨   ⟩ 11 h. Sinon, j'⟨   ⟩ le rendez-vous, je le verrai ⟨   ⟩. »

2 | Réécris le monologue en modifiant la situation : tu es très content(e) d'être en avance car tu adores te balader dans cette rue et regarder les vitrines.
En plus, il y a une librairie et des magasins qui te plaisent beaucoup.

....
....
....
....
....
....

3 | **a)** Voici la description d'une ville du futur. Complète les voyelles qui manquent.

La ville du futur sera *é*c*o*l...g...q.. ... . Les hommes h...b...t...r...nt dans des t... ...rs
de plus de 200 ...t...g...s. Chaque tour pourra cr... ...r sa propre ...n...rg... ... grâce à
des panneaux s...l... ...r...s. Il y aura aussi des j...rd...ns sur les toits pour cultiver des
l...g...m...s. Les tr...nsp...rts ne p...ll... ...r...nt pas : ils seront ...l...ctr...q... ...s.

b) À ton tour, décris la ville du futur (transports, activités, magasins, logements…).

🔊 1 | Écoute la conversation et coche les activités
que vont faire les adolescents.

Piste 35

 La tour Eiffel

Disneyland Paris

Cité des sciences

Velib'

Musée d'Orsay

Champs-Élysées

Le Sacré Cœur

Musée du Louvre

Canal Saint-Martin

2 | Tu prépares un guide de ta ville pour des étudiants étrangers.
Complète le document.

GUIDE POUR LES ÉTUDIANTS

Découvrir la ville

....
....

Où sortir ? Où manger ?

....
....

Vie culturelle

....
....

Moyens de transport

....
....

Activités sportives

....
....

Conseils pratiques

....
....

Bilan

○○ *très bien*
○● *assez bien*
●● *pas très bien*

Production orale

○○ Je peux décrire une personne.

○○ Je peux décrire une situation.

○○ Je peux situer dans le temps et dans l'espace.

○○ Je peux exprimer un désir.

○○ Je peux exprimer mes sentiments et mes émotions.

○○ Je peux exprimer la cause.

○○ Je peux exprimer des opinions.

○○ Je peux exprimer : ....

○○ Je me fais comprendre.

○○ Je m'exprime correctement.

○○ Je suis capable de m'exprimer assez précisément.

○○ Si je ne trouve pas les bons mots, j'en cherche d'autres calmement.

○○ Je prononce bien.

○○ Je donne de l'importance à l'intonation, aux gestes.

En général :

○○ Je peux m'exprimer sans faire de fautes.

○○ Je peux exprimer des choses personnelles et/ou originales.

○○ J'emploie le maximum de contenus appris, en particulier :

- le conditionnel
- le vocabulaire des sensations, des sentiments, des goûts
- ....

Production écrite

○○ Je peux raconter un événement au passé.

○○ Je peux exprimer une opinion.

○○ Je peux exprimer mes sentiments.

En général :

○○ Je peux écrire sans faire de fautes de grammaire.

○○ Je peux écrire sans faire de fautes d'orthographe.

○○ J'emploie le maximum de contenus appris, en particulier :

- les temps du passé : imparfait et passé composé.
- ....

Dans la nature

Production orale

○○ Je peux décrire une personne.

○○ Je peux situer dans le temps et dans l'espace.

○○ Je peux faire des hypothèses sur le présent et sur le futur.

○○ Je peux décrire une situation.

○○ Je peux parler de mes goûts.

○○ Je peux exprimer des intentions et des désirs.

○○ Je peux donner des explications.

○○ Je peux exprimer ....

○○ Je me fais comprendre.

○○ Je m'exprime correctement.

○○ Je suis capable de m'exprimer assez précisément.

○○ Si je ne trouve pas les bons mots, j'en cherche d'autres calmement.

○○ Je prononce bien.

○○ Je donne de l'importance à l'intonation, aux gestes, à la ponctuation.

En général :

○○ Je peux m'exprimer sans faire de fautes.

○○ Je peux exprimer des choses personnelles et/ou originales.

○○ J'emploie le maximum de contenus appris, en particulier :

- le futur
- l'expression de la durée
- le vocabulaire de la nature et des loisirs
- ....

Production écrite

○○ Je peux rédiger un mail familier pour raconter un séjour.

○○ Je peux raconter des événements passés.

○○ Je peux donner des précisions.

○○ Je peux exprimer des possibilités.

○○ Je peux rédiger un texte argumentatif.

En général :

○○ Je peux écrire sans faire de fautes de grammaire.

○○ Je peux écrire sans faire de fautes d'orthographe.

○○ J'emploie le maximum de contenus appris, en particulier :

- les salutations familières
- le vocabulaire des loisirs.
- ....

Bilan

○○ *très bien*
○● *assez bien*
●● *pas très bien*

Production orale

○○ Je peux décrire une personne.
○○ Je peux décrire ou imaginer une situation.
○○ Je peux situer dans le temps et dans l'espace.
○○ Je peux exprimer des sentiments et des émotions.
○○ Je peux exprimer des intentions.
○○ Je peux faire des hypothèses.
○○ Je peux justifier une opinion.
○○ Je peux parler de mon caractère.
○○ Je peux exprimer : ....

○○ Je me fais comprendre.
○○ Je m'exprime correctement.
○○ Je suis capable de m'exprimer assez précisément.
○○ Si je ne trouve pas les bons mots, j'en cherche d'autres calmement.
○○ Je prononce bien.
○○ Je donne de l'importance à l'intonation, aux gestes.

En général :

○○ Je peux m'exprimer sans faire de fautes.
○○ Je peux exprimer des choses personnelles et/ou originales.
○○ J'emploie le maximum de contenus appris, en particulier :
- le conditionnel
- le vocabulaire des sentiments et des sensations
- ....

Production écrite

○○ Je peux exprimer une opinion.
○○ Je peux parler de mon caractère.
○○ Je peux raconter des événements au passé.
○○ Je peux rédiger un article sur un thème précis.

En général :

○○ Je peux écrire sans faire de fautes de grammaire.
○○ Je peux écrire sans faire de fautes d'orthographe.
○○ J'emploie le maximum de contenus appris, en particulier :
- le conditionnel
- ....

En ville

Production orale

○○ Je peux décrire une personne.
○○ Je peux décrire un lieu.
○○ Je peux situer dans le temps et dans l'espace.
○○ Je peux décrire des actions.
○○ Je peux faire une description organisée.
○○ Je peux parler de mes intentions.
○○ Je peux parler du temps qu'il fait.
○○ Je peux faire des propositions.
○○ Je peux exprimer des possibilités.
○○ Je peux exprimer une opinion.
○○ Je peux exprimer un but.
○○ Je peux exprimer : ....

○○ Je me fais comprendre.
○○ Je m'exprime correctement.
○○ Je suis capable de m'exprimer assez précisément.
○○ Si je ne trouve pas les bons mots, j'en cherche d'autres, calmement.
○○ Je prononce bien.
○○ Je donne de l'importance à l'intonation, aux gestes.

En général :
○○ Je peux m'exprimer sans faire de fautes.
○○ Je peux exprimer des choses personnelles et/ou originales.
○○ J'emploie le maximum de contenus appris, en particulier :
   • le conditionnel
   • le vocabulaire de la ville et des magasins
   • ....

Production écrite

○○ Je peux imaginer une situation.
○○ Je peux écrire un mail pour exprimer mon opinion sur un séjour dans une ville.

En général :
○○ Je peux écrire sans faire de fautes de grammaire.
○○ Je peux écrire sans faire de fautes d'orthographe.
○○ J'emploie le maximum de contenus appris, en particulier :
   • le vocabulaire de la ville.
   • le vocabulaire des voyages.
   • ....

Auto-évaluation

○○ très bien
○● assez bien
●● pas très bien

Comprendre : écouter

○○ Je peux comprendre quelqu'un qui donne son opinion, qui fait des hypothèses.
○○ Je peux comprendre quelqu'un qui parle de son caractère, de ses goûts.
○○ Je peux comprendre quelqu'un qui donne une explication, qui argumente.
○○ Je peux comprendre quelqu'un qui raconte un événement au présent ou au passé.
○○ Je peux comprendre quelqu'un qui exprime des intentions, des souhaits.
○○ Je peux comprendre quelqu'un qui exprime des sensations, des sentiments.
○○ Je peux comprendre quelqu'un qui réagit, qui proteste.
○○ Je peux comprendre quelqu'un qui fait des propositions.

Parler : prendre part à une conversation

○○ Je peux décrire des photos.
○○ Je peux donner mon opinion, faire des hypothèses. *(Ils sont sans doute en train d'envoyer des sms, de consulter Internet.)*
○○ Je peux parler de mon caractère, de mes goûts. *(Je suis plutôt curieux.)*
○○ Je peux donner une explication, argumenter. *(J'aime la ville car il y a beaucoup de choses à faire.)*
○○ Je peux raconter un événement au présent ou au passé. *(Très bon séjour. Les moniteurs étaient très sympas !)*
○○ Je peux exprimer des intentions, des souhaits. *(J'aimerais bien aller au cinéma.)*
○○ Je peux exprimer des sensations, des sentiments. *(Je suis ma-la-de : ma mère a lu mon courrier !)*
○○ Je peux réagir, protester. *(C'est long ! J'en ai marre d'attendre !)*
○○ Je peux faire des propositions. *(Ça te dit de partir en vacances ensemble l'année prochaine ?)*

Parler : s'exprimer en continu

○○ Je peux parler de mes sorties (concerts, cinéma…).
○○ Je peux parler des activités que je fais avec ma famille, mes amis le week-end.
○○ Je peux parler de mes préférences en matière de lieux d'habitation, de vacances, d'activités.
○○ Je peux exprimer mon opinion.
○○ Je peux faire des hypothèses sur le présent ou sur le futur.

Écrire

○○ Je peux rédiger un article à propos d'un événement ou sur les nouvelles technologies.
○○ Je peux écrire un mail pour inviter un ami en week-end ou pour parler d'un séjour.
○○ Je peux rédiger un billet de blog.
○○ Je peux écrire une histoire imaginaire.

Compétences culturelles

○○ Je découvre des situations en rapport avec le monde du spectacle, les loisirs, la nature, les nouvelles technologies, la ville, etc.